Das Credo

Ulrich Meier

Das Credo

Bewegungen des Glaubens

Verlag Urachhaus

ISBN 978-3-8251-5181-2

Erschienen im Verlag Urachhaus
www.urachhaus.com

Umschlaggestaltung: Ursula Weismann
Umschlagabbildung: Uta Albeck: Gelb, weiß gelichtet 3
Gesamtherstellung: CPI books GmbH, Leck

Inhalt

Vorwort

Glaube in Bewegung

Das Wort »Glaube« ist sprachgeschichtlich verwandt mit dem Wort »Liebe«. In dieser Spur fasst Ulrich Meier das christliche Credo als ein Gebet, eine betende Hingabe des Herzens auf. Das Credo zu sprechen, ist insofern nicht das Aufsagen von kirchlichen Lehrsätzen, sondern es ist eine Hinsprache zu Gott. Indem ich das Credo – innerlich oder laut – spreche, nehme ich Verbindung zur göttlichen Sphäre auf, zum Heilswirken Gottes. Der im Credo gefasste Glaube bewegt sich zu Gott hin. Es ist eine Suchbewegung, die von den zwölf Sätzen des Credo begleitet oder geführt wird. Diese Bewegung ist eine vertrauende Sinnsuche und sie ist sinnstiftend, insofern mir aus der göttlichen Sphäre eine Antwort entgegenkommt – in der Form eines Erlebens dessen, was in den Glaubenssätzen gemeint ist. Im Credo vergegenwärtigt sich ein Einssein mit Gott und seinem Wirken.

Wohl entstanden aus den Taufritualen der frühen Christen, beginnen die traditionellen christlichen Bekenntnisse mit der Formel »Ich glaube …« oder »Wir glauben …«. Das erneuerte Credo der Christengemeinschaft dagegen (dessen Entstehen Wolfgang Gädeke in seinem Beitrag erläutert) verzichtet auf diese Selbstverpflichtung. Es stellt vielmehr in seinen zwölf lapidaren Sätzen die zentralen Heilsaussagen des Christentums vor den Glaubensbereiten hin. Da ist kein »Du sollst glauben …«, sondern es ermöglicht, ermutigt mit dieser modernen Form sich zu den Heilsaussagen zu positionieren: Es vergegenwärtigt das Wirken Gottes aus ihm selbst und durch seinen Sohn – von dessen Erscheinen, über seinen Tod, die Todesüberwindung und Auferstehung bis hin zu seinem in die Zukunft gehenden Heilswirken auf Erden.

Das Credo gibt keine Lehrsätze Christi wieder. Der Glaube geht vielmehr auf das Heilsgeschehen zu. Ich stelle mich diesem, indem ich das Credo spreche, und ich erlebe, wie mir Sinngebung für das Dasein entgegenkommt. Es formuliert kein Dogma, sondern ist eine Hinführung zum erlebenden Verstehen, zum Herzensverstehen des geistig-göttlichen Urgrundes unseres Daseins. Indem ich mich zu den Heilsaussagen stelle, öffnet sich mein Herz für Antworten auf meine elementarsten, existenziellen Fragen – nach dem Sinn des Lebens, der Erd- und Menschheitsentwicklung, dem Tod. Indem ich mich positioniere, können die Glaubensinhalte in mir ihre Wirksamkeit entfalten.

Wie Ulrich Meier in seinen meditativen Erläuterungen zu den zwölf Sätzen das Credo aufschließt, öffnet er die Seele für ein erlebendes Auffassen des Heilsgeschehens. Es geht dem Autor hier nicht in erster Linie um intellektuelle Erkenntnis und auch nicht um religionswissenschaftlichen oder bibelkritischen Diskurs, widerspricht solchen Kategorien aber auch nicht. Es öffnet sich vielmehr ein Weg zum Nachvollziehen der Heilsaussagen. Glaube ist nicht eine Vorstufe des Wissens und auch kein Ersatz dafür, sondern er wurzelt in der Sinnsuche und findet seine Erfüllung in einer Sinnstiftung.

Ulrich Meier führt uns auf eine Entdeckungsreise: zum kompositorischen Aufbau des Credo und zur Bedeutung der einzelnen Glaubenssätze.

Diese Hinführung mitzuvollziehen, ist ein Übungsweg. Über das Credo kann ich mich in den Glauben hineinüben. Ich übe mich, denn ich schaffe mir ein Organ, ein Sensorium für das Herzensverstehen göttlichen Wirkens. Es ist also eine eigene Aktivität gefragt. Der Mensch muss dem Wirken Gottes und dem Wirken Christi entgegenkommen, wie er im Ritual und im Gebet diesem Wirken entgegenkommt. Glaube zeigt sich damit als Sinngeschehen bis in unser persönlichstes Leben hinein. Der Glaubensgegenstand kommt somit aus der Sphäre des bloß Behaupteten und der Lehrmeinungen heraus. Ulrich Meiers Erläuterungen sind Wegweiser für die Sinnauffassung göttlichen Wirkens.

Sie sind ebenso erhellend und weckend wie freilassend. Sie sind in einem ermutigenden Sinne unabgeschlossen. Sie lassen offen und sie ermutigen zu weiterem eigenen meditativen Umgang mit den Sätzen des Credo und damit zu einer individuellen Aneignung. Das ist die Freiheit des modernen Gläubigen und gerade dies stiftet Gemeinschaft – vom persönlichen Erleben her, nicht mehr von außen durch eine kirchliche Organisation. Der Gläubige muss nicht auf eine Autorität einer verfassten Kirche hin glauben, sondern kann selbst vorstoßen zu eigenem, ganz persönlichem religiösen Erleben. Dem modernen Menschen ist der Glaube als eine gemeinschaftliche Bewegung und eigene Aktivität angemessen.

Der so sich bewegende Glaube korrespondiert somit mit der Bewegung Gottes selbst. Er ist ein Gott der Entwicklung, des kontinuierlichen Schaffens. Schon durch den Aufbau des Credo selbst wird Gott als ein stetig aktiver Gott erkennbar – sein Schaffen ist nicht beendet mit der Schöpfung der Erde und des Menschen, sondern er wirkt weiter durch seinen Sohn und dessen fortwährende Heilstat und durch das in die Zukunft hinein wirkende Erlösungsgeschehen.

Denn das Credo richtet sich auch auf die Zukunft. Was wir im Credo glauben, ist nicht etwas Abgeschlossenes, vielmehr befindet es sich selbst noch in der Bewegung auf die Zukunft hin.

Ulrich Meier legt hier Wegmarken vor hin zu einem modernen Glauben, der im Credo die sinnstiftende Verbindung zwischen geistig-göttlicher Welt und der menschlich-irdischen Sphäre schafft und dadurch die Mitarbeit des Glaubenden im Strom des Heilsgeschehens an eben dieser irdischen Ebene ermöglicht und impulsiert.

Mathias Wais

Weltengrund und Vatergott

Das lateinische Wort *credere* für glauben, aus dem sich der Ausdruck »Credo« ableitet, kann seinem Ursprung nach mit »sein Herz hingeben« übersetzt werden. Die seelische Bewegung richtet sich auf das, woran wir glauben – unabhängig davon, ob wir das Wesen oder den Inhalt dessen bereits erkannt haben, dem wir uns dabei verbinden. Die so gesuchte Verbindung bleibt nur lebendig, wenn sie immer wieder neu vollzogen wird. Unsere Ausführungen verstehen sich als Besinnungen auf die zwölf Sätze des Glaubensbekenntnisses, wie es seit bald 100 Jahren in der Christengemeinschaft gepflegt wird. Sie möchten Anregungen dazu geben, den Glauben in Bewegung zu halten.

> »Ein allmächtiges, geistig-physisches
> Gotteswesen ist der Daseinsgrund
> der Himmel und der Erde, das väterlich
> seinen Geschöpfen vorangeht.«

Zwischen Anfang und Ende des ersten Credo-Satzes spannt sich ein Bogen, in dem der Beginn einer subtilen göttlichen Bewegung enthalten ist. Von zwei Richtungen her kann sich darin der Glaubende dem Wesen des Vatergottes annähern. Zunächst erlebt er ihn als den ruhenden Grund alles irdischen und himmlischen Seins – in einer Ur-Existenz, die durch drei Qualitäten gekennzeichnet wird: durch Einheit, Allmacht und das Umfassen gleichermaßen der geistigen und der physischen Welt. Im zweiten Teil des Satzes wendet sich das Geschehen: Eine andere Wahrnehmungsqualität öffnet sich, wenn jetzt von demselben Gotteswesen gesagt wird, es befinde sich in einer Bewegung, die sich auf die Entwicklung in der Schöpfung bezieht. Fast unbemerkt sind die Wesen, deren Sein im Weltengrund wurzelt, zu Geschöpfen eines Vaters geworden, der ihnen vorangeht.

Einheit

Die Komposition des Satzes ermöglicht trotz dieser zwei Richtungen die Vergegenwärtigung eines größeren Einsseins, auf das sich der Glaubende bezogen fühlen kann: Kann er den Ursprung seines Entwicklungsweges im Vorwärtsgehen als eine – wenn auch in der Regel nicht mehr bewusst zugängliche – Erfahrung des Anfangs hinter sich annehmen, erlebt er sich aus Gott hervorgehend. Denkt er sich jeden Schritt im eigenen Leben als einen, in dem der Vatergott ihm vorangeht, so wird ihm auch das Ende seines ihm bewussten Erdenlebens im Sterben ein »Eingehen« in Gott bedeuten. Trotz aller irdischen Erfahrung der Entzweiung – nicht zuletzt von der gewussten oder wenigstens empfundenen Gegenwart Gottes – kann eine fortwährende Verbundenheit mit dem Gotteswesen gesucht werden, dessen Sein so umfassend ist, dass es die Einheit der Welt und der in ihr existierenden Geschöpfe in sich trägt und aus sich hervorgehen lässt. Die kindliche Erfahrung einer vollständigen Geborgenheit und Bezogenheit – der Kinderglaube – geht zwar mehr oder weniger bald und mehr oder weniger deutlich verloren. Dies kann aber seiner Natur nach als ein Verlorengehen gelten, das auf ein Wiederfinden bezogen bleibt. Dass Christen – gemeinsam mit den anderen monotheistischen Religionen – die Existenz nur eines Gott betonen, kann vor diesem Hintergrund vor allem als ein Glaube an das umfassende Einssein Gottes mit der Welt verstanden werden: Wir glauben an einen Gott, der Himmel und Erde, Schöpfer und Schöpfung in einer Einheit zusammenfasst.

Allmacht

Die Wendung vom Daseinsgrund zu dem seiner Schöpfung väterlich Vorangehenden deutet aber auch auf einen Wandel Gottes selbst hin. Dass alles Sein aus ihm hervorgeht, erscheint nur aus einer göttlichen Allmacht möglich, deren Wille zur Schöpfung in alles Werden hineinwirkt. Sehen wir ihn dann jedoch vor dem inneren Auge, wie er vor seinen Geschöpfen wandelt, dann öffnet sich damit sein Wille dafür, dass auch das Wollen etwa der zur Gottebenbildlichkeit bestimmten Menschen seine Wirkung auf die Welt entfaltet. Eine solche göttliche »Resignation« muss nicht als ein Verlust der Allmacht angesehen werden, vielmehr gibt sie Räume frei, in denen sich auch anderer als göttlicher Wille entfalten kann. Das beginnt schon mit dem Zulassen des Bösen, das als Schlange im Paradies die Verführung des Urmenschenpaares ins Werk setzen kann. Die göttliche Allmacht verändert sich aber nicht nur von Gott her, sondern auch der Glaubende, der sein Verhältnis zum Vatergott in der angedeuteten zweifachen Art leben will, muss sich von der Allmacht Gottes in seiner Entwicklung nicht eingeschränkt fühlen. Im Blick auf den, der vorangeht, kann er sich gleichermaßen väterlich geborgen und begleitet wie auch freigelassen fühlen, seine Schritte immer mehr selbst zu verantworten.

Geistig-physisch

Noch in einer dritten Richtung ist der Hörer des ersten Credo-Satzes angeregt, das Umfassende im Wesen des Vatergottes zu gewärtigen: Was für uns Menschen zunächst als die vielleicht größte und schmerzvollste Teilung der Welt erlebt wird – die endliche Gestalt des Irdischen und die unendliche Wesenheit des Geistes – wird »in Gott« als verbunden behauptet. Im Menschen bleibt diese Trennung als irdischer Leib und himmlischer Geist im Tagesleben fortwährend präsent. Wo unser menschlich-irdisches Denken sofort nach dem Entweder-oder fragt, setzt das hier in Rede stehende Doppelwort auf ein Sowohl-als-auch. Das muss aber nicht als Betonung der göttlichen Vollkommenheit gegenüber der menschlichen Unvollkommenheit erlebt werden, sondern kann auch als Beginn einer Tröstung genommen werden: dass durch göttlich-heilende Kraft der Abgrund zwischen Physis und Geist wenigstens der Möglichkeit nach jederzeit überwunden werden kann. Der Schöpfer des Himmels und der Erde bleibt durch sein Wesen mit der Höhen- und der Tiefendimension des Alls verbunden.

Urprinzip und persönlicher Gott

Die beiden Richtungen, aus denen das Glaubensbekenntnis auf den Vatergott blickt, bilden sich auch in den unterschiedlichen seelischen Zugängen zu dem aus, was hier »Gotteswesen« genannt wird. Auch dieses Zentralwort ist ja aus zwei Elementen zusammengefügt: In der Tradition, die zunächst einen personalen Bezug zum Göttlichen betont hat, konnte das Wort »Gott« an dieser Stelle genügen. Eine mehr philosophische Annäherung an den Beginn alles Seins würde sich mit dem Wort »Wesen« vielleicht eher verbinden können. Regelmäßig lässt sich in Umfragen zur Religiosität ablesen, dass heute eine weitaus größere Zahl von Befragten an eine Kraft oder Energie glauben kann, die vor und in allem Gewordenen wirksam ist. Vor dem mehr personal formulierten »Ich glaube an Gott« scheuen sie womöglich deshalb zurück, weil ihnen dafür die Evidenz eines persönlichen Erlebnisses fehlt, eine wie auch immer geartete Begegnung mit Gott als einem »Du«.

Wie lässt sich eines mit dem anderen verbinden? Der Versuch einer sicherlich gut gemeinten, aber übertriebenen »Vermenschlichung« des Vatergottes, der in früheren Zeiten besonders den Kindern als ein gütiger oder auch strenger weißhaariger Mann mit oder ohne Wolke geschildert wird, übersteht kaum eine ernsthafte Glaubenskrise. Aus dem Überblick über die Vielfalt von Bildern, die in den Schöpfungsmythen der Welt ausgesagt sind, könnten »wachstumsfähigere« Gottesbilder gefunden werden. Das Bild des Vaters ist für sich genommen schon geeignet, etwas über die persönliche Beziehung der menschlichen Seele zu Gott auszusagen: Die Wesensbegegnung vom menschlichen Ich zum göttlichen Du sucht verständlicherweise eine Perspektive, in der Gott als eine »Person« wahrgenommen werden kann. Zwar vermeidet die Rede vom Vorangehen das Bild eines Gegenüberstehens von Angesicht zu Angesicht. Auf der anderen Seite setzt sich die Sehnsucht nach einer persönlichen Gottesbeziehung ohne die Ergänzung eines den menschlichen Horizont übersteigenden Verständnisses vom Urprinzip der Welt der Gefahr aus, zu kurz zu greifen, indem sie Gott letztlich auf die Menschenstufe reduziert.

Gottes- und Menschenentwicklung

Seinen Ursprung hat das christliche Glaubensbekenntnis in den Taufriten der frühen Christen. Beginnend mit dem lateinischen Wort *credo* (ich glaube) war es die Formel, mit der die damals erwachsenen Getauften ihrem Glauben Ausdruck verliehen. Als Bestandteil des Gottesdienstes kommt im Sprechen des Bekenntnisgebets eine weitere Qualität hinzu: Wie jedes Gebet richtet sich auch das Credo an ein Gegenüber, sodass ein dialogischer Prozess in Gang kommt. Sprechend findet die innere Glaubensbewegung eine äußere Form. Was sich in diesem Ausdruck zeigt, wirkt aber auch auf die Gottheit zurück, der das Bekenntnis gilt. Im Aussprechen lebt immer auch die Kraft eines Zusprechens.

> »Christus, durch den die Menschen die Wiederbelebung des ersterbenden Erdendaseins erlangen, ist zu diesem Gotteswesen wie der in Ewigkeit geborene Sohn.«

Gegenüber dem Nacheinander in der äußeren Gestalt des ersten Credo-Satzes findet sich im zweiten Satz ein Ineinander; grammatikalisch gesagt: Er beinhaltet einen eingeschobenen anstelle eines angefügten Relativsatzes. In die erste fundamentale Aussage über die Beziehung zwischen Vatergott und Sohnesgott ist damit der Anfang einer Bewegung eingefügt, die durch die Wirksamkeit Christi in seiner Wesensbeziehung zum Daseinsgrund eröffnet wird. Die in Mensch und Erdendasein differenzierte und sich entwickelnde Schöpfung wird in die Mitte der Verbindung von Vater und Sohn hineingenommen. Göttliche Wirksamkeit wendet sich behutsam von einer zeitlichen Folge zu einem räumlich-zeitlichen Inkarnationsvorgang um. Dem Glaubensorgan erscheint gleich nach dem Satz vom Beginn auf der zweiten Stufe des Weges ein Weltenziel, in das es sich aktiv einbezogen fühlen kann: Wiederbelebung des Ersterbenden.

In Ewigkeit geboren

Wir sind gewohnt, dass Worte uns auf direktem Weg zum Sinn dessen führen, was sie aussagen sollen. Um zu beschreiben, wie der eine Gott zugleich als ein dreifaltiger verstanden werden kann, bedarf es jedoch indirekter Wege, denn jeder Vergleich mit den gewöhnlichen menschlichen Verhältnissen reicht nicht hin, um das Außergewöhnliche des Göttlichen zu fassen. Das beginnt schon bei der bildhaften Rede von Gott als Vater und als Sohn. In den alten Formen des christlichen Credo wird an dieser Stelle der Ausdruck »der eingeborene Sohn des Vaters« verwendet, der im Prolog des Johannesevangeliums zu finden ist: »*monogenous*«. Der Gottessohn ist nicht »zwiegeboren«, also von Mutter und Vater her, sondern er ist aus der Einheit des Vatergottes hervorgegangen. Er behält trotzdem das Einssein mit dem Daseinsgrund bei – und doch bleibt hier nicht alles, wie es war. Im Credo der Christengemeinschaft begegnen wir gerade für diese Bewegung einer anderen, ebenso außergewöhnlichen

Formulierung: Für den Menschen gilt, dass seine Geburt ihn in die Zeitlichkeit führt. Von Christus wird aber nun (mit einem auf das Außerordentliche hinweisenden »wie«) gesagt, dass er »in Ewigkeit geboren« ist. Geburt bedeutet Neubeginn des Lebens, das aber beim Menschen vom ersten Atemzug an in der Zeit altert und schließlich stirbt. Geborenwerden in Ewigkeit könnte demnach so verstanden werden, dass ein fortwährender Lebensquell vom Vater ausgeht, der aus der Ewigkeit in die Zeit hereinwirkt, ohne doch ganz in der Zeitlichkeit aufzugehen.

»Was ist der Mensch ...?«

Es ist eine kompositorische Eigenheit im Glaubensbekenntnis der Christengemeinschaft, dass im ersten Satz vom Daseinsgrund und den Geschöpfen die Rede ist, aber im zweiten Satz wenige Worte nach dem Anfang, »Christus«, bereits »die Menschen« genannt werden. Ihre besondere Stellung zu den Gotteswesen wird dadurch hervorgehoben. Die nachfolgende Aussage, dass die Menschen durch Christi Wirken etwas »erlangen«, legt nahe, dass sich auch das göttliche Handeln in besonderer Weise auf den Menschen bezieht. Die Frage des Psalmisten »Was ist der Mensch, dass du seiner gedenkst?« (Psalm 8,5) richtet sich an den Schöpfer; wohl auch, um zu hören, welche spezielle Aufgabe dem Menschen in der geschaffenen Welt zukommen sollte. Durch die so kurz hintereinander erfolgende Nennung kann aber auch eine erste Andeutung davon gehört werden, dass sich eine unmittelbare Nähe des Sohnesgottes zu den Menschen entwickeln wird. Durch seine Menschwerdung rückt er in eine geschwisterliche Nähe zu uns, wie sie sich zum Vatergott nicht in gleicher Weise ergibt.

Schöpfung und Wiederbelebung

Eine weitere Entwicklung zeigt der Relativsatz auf: Ohne weitere Erklärung oder Begründung, wie es dazu kam, ist etwas von dem, was aus dem göttlichen Daseinsgrund hervorgegangen ist, zum »ersterbenden Erdendasein« geworden. Die ursprüngliche Einheit von »geistig-physisch«, von Himmel und Erde ist verlorengegangen. Schöpfer und Schöpfung sind nicht mehr selbstverständlich verbunden, sondern zwischen ihnen ist die trennende Gewalt einer Todessphäre wirksam geworden. Dass damit keine unwiderrufliche Spaltung festgeschrieben ist, sagt die Rede von der Wiederbelebung: Dem Sterben der Schöpfung und der drohenden Auslöschung irdischer Existenz steht eine tröstliche Aussicht auf eine neue Qualität von Leben entgegen. Gott hat nicht nur zugelassen, dass Trennung und Tod wirksam werden konnten, sondern er fügt die Verheißung hinzu, dass durch seinen Sohn der Sieg des Lebens über den Tod möglich wird. Zwar kommt die Wiederbelebung von Gott her, aber es sind die Menschen, die sie erlangen. Mit dieser Wendung ist zum ersten Mal im Bekenntnis etwas darüber ausgesagt, wie göttliches Heilswirken und menschliches Bemühen um »Heiligung« zusammenwirken. Dass an dieser Stelle nicht allein vom Heil des Menschen, sondern auch von seiner Mitverantwortung für das Erdendasein als Ganzem geredet wird, lässt eine mögliche Abtrennung des Heils für Einzelne oder bevorzugte Eliten gar nicht erst aufkommen.

Sündenfall und Erlösung

Das Rätsel des Bösen, das die Christen aller Zeiten beschäftigt hat, wird weder im zweiten Satz noch in einem späteren Credosatz unmittelbar angesprochen. Was aber bereits jetzt erscheint, ist der Tod, der dem Adam des Paradieses als Folge des Sündenfalls genannt wird: »Denn Staub bist du und zum Staub kehrst du zurück« (1. Mose 3,19). Es bleibt jedoch offen, wer dafür verantwortlich ist, dass der Tod in der Welt ist. Gott, der Mensch, die Widersacher? Rudolf Steiner betont öfter, dass der Sündenfall nach seinem Verständnis »eine Göttertat« sei, deren Auswirkungen auch nur von einem göttlichen Erlöser geheilt werden können. Der Verfügung Gottes über die Gnade würde demnach auch das Vorrecht auf das Zulassen des Falls entsprechen. Aber kann sich der Mensch deshalb als pures Objekt göttlichen Handelns verstehen? Wohl eher nicht. Man kann es vielleicht auch so sagen: Auch für das Verständnis von Sünde und Erlösung greifen die rein menschlichen Maßstäbe nicht. Weder ist der Mensch allein verantwortlich für seinen Fall, noch kann er sich selbst erlösen. Aber kann er sich deshalb frei fühlen von jeder Mitverantwortung für den Abfall vom Göttlichen oder darf er die Gnadenwirkung Gottes in Untätigkeit abwarten? Vielleicht ist dabei neben dem Erdendasein sogar auch das, was als Widersachermacht gegen die ursprüngliche Ganzheit von Gott, Erde und Mensch wirksam geworden ist, in das Drama der Trennung und Wiederverbindung von Mensch und Gott einbezogen.

Menschwerdung Gottes

Das Glaubensbekenntnis versammelt durch die Jahrhunderte christlicher Geschichte einen Extrakt christlicher Grundwahrheiten, die immer wieder neu verstanden werden wollen. Seine drei Teile betonen den Bezug zur Trinität von Vatergott, Sohnesgott und Geistgott. Es eignet sich zur Meditation und als Anregung für Gespräche über den Glauben. Innerhalb der Liturgie des Abendmahlsgottesdienstes gewinnt es die Form eines Gebets. Bei seiner regelmäßigen Wiederholung, im rituellen Sprechen und Hören, geht es weder um die Vertiefung in einzelne Inhalte noch um das dialogische Auffinden unterschiedlicher Perspektiven, sondern um ein gemeinsames Durchgehen durch seine Gesamtgestalt im Sinne einer rhythmischen Erkraftung.

> »In Jesus trat der Christus als Mensch in die Erdenwelt.«

Die drei kürzesten Sätze im Credo der Christengemeinschaft sprechen in ihrer schlichten Monumentalität von den drei zentralen Aussagen christlichen Glaubens: Zunächst wird von der Inkarnation Gottes in den Menschen Jesus gesprochen, später folgt der Satz über die Auferstehung, als Drittes ist von der Wirksamkeit des Heiligen Geistes die Rede. Bei allen drei Aussagen steht Christus im Zentrum des Satzes: zuerst als der vom Vater Gesandte, danach als der Todesüberwinder, zum Schluss als der, durch den der Geist sein Heilswirken entfaltet. Der dem »großen« jeweils vorangehende Satz bereitet auf dessen Inhalt vor, der nachfolgende knüpft thematisch eng an seine in die Tiefe zielenden Inhalt an, die mit ihm eingeschlagene Richtung in die Zukunft weiterführend. In dem Satz, der uns in diesem Beitrag weiter beschäftigt, ist es das Motiv des in Ewigkeit geborenen Sohnes, das unmittelbar in die Menschwerdung Christi überleitet.

Beginnen und andauern

Wurde noch im zweiten Satz die mit Christus verbundene »Wiederbelebung des ersterbenden Erdendaseins« in der überzeitlichen grammatischen Form des Präsens ausgesprochen, so erklingt mit dem »trat« erstmals die Vergangenheitsform des Präteritums (lat. das Vorhervergangene) – wie übrigens auch im Todes- und zuletzt im Auferstehungssatz. Stärker noch als im Perfekt wird mit dem Präteritum die Geschichtlichkeit bekräftigt. Das Hereinkommen des Gottessohnes in die Zeitlichkeit kann nicht deutlicher bezeugt werden. Im ersten Christus-Satz wird von ihm noch in der dauernden Vaterqualität des Seins gesprochen, sein Eintritt in die Erdenwelt erscheint nun in der Aktivform des Verbs: Er hat sie vollzogen – und damit ist sie ein einmaliges Geschehen, in dessen Folgen wir noch heute stehen. Was bedeutet das für die Sendung Christi? Durch den Wandel, der sich mit seinem unumkehrbaren Entschluss zur Erde verbindet, hat eine Entwicklung begonnen, die sich von dem absetzt, was vorher war. Wir sind herausgefordert, das Hervorgehen des Sohnes aus dem Vater als einen ewigen Vorgang anzusehen, aus dem aber zugleich auch die Einmaligkeit des historischen Lebens Jesu Christi als Mensch geschehen ist. Schon vor dem Satz, der von der Geburt Jesu handelt, wird ausgesagt, dass der ins Erdendasein Strebende die Brücke schafft, die ihn in die zeitliche Dimension irdisch-menschlicher Verhältnisse trägt. Darin klingt der Abstieg Christi vom himmlischen Vater als eine schrittweise Bewegung der Menschwerdung an, die der Apostel Paulus in seinem Brief an die Philipper »Kenosis« nennt – ein Weg der Entäußerung von göttlicher Allmacht, dem der Glaubende entsprechend nachfolgen kann.

Ein doppeltes »in«

Dass Christus vom göttlichen Vaterwesen ausgegangen ist, um in das Menschsein einzugehen, bedeutet nicht eine Minderung seiner göttlicher Präsenz, sondern mit ihm wächst das Erlösungsgeschehen im Sinne einer Durchgöttlichung in die tendenziell gottentfremdete Erden- und Menschenwelt hinein. Durch das zweifache »in« wird zu der im vorigen Abschnitt angedeuteten Zeitqualität hinzu die räumliche Dimension seines Einzugs in das Irdische hervorgehoben. Es verleiht dem Satz von der Menschwerdung einen positiven Zug ins Innerliche. Die Schöpfung ist aus dem Daseinsgrund hervorgegangen – daher wird es für uns Menschen mit dem Trennungsprozess von Gott zur Frage, ob er nun »von außen« auf uns einwirkt. Als solcher müsste ein Gott erscheinen, der in der Transzendenz eines Jenseits angenommen und dessen Einfluss auf das Diesseits äußerlich bleiben müsste. Im ersten Beitrag wurde dargelegt, dass auch die glaubende Beziehung zum Vater darauf aufgebaut werden kann, dass wir ihn als unserem Sein immanent erfahren. Wie viel mehr gilt das für den Sohn, der *in* dem Menschen Jesus *in* die Erdenwelt eingezogen ist! Seine »Herrschaft« unter den Menschen ist nicht ein machtvolles Eingreifen von außen, sondern er wird in Milde »von innen her« wirksam, wo wir die Kenosis beantworten, indem wir ihm in uns Raum geben.

Zwei »Naturen« Jesu Christi

Jesus Christus ist »wahrer Gott« und »wahrer Mensch« zugleich. Mit dieser Aussage bemühen sich Christen seit dem 5. Jahrhundert um ein angemessenes Verständnis der Menschwerdung Gottes. Was ist damit gemeint? Der Mensch Jesus von Nazareth und der Sohnesgott Christus sind seit der Jordantaufe nicht mehr zu trennen, sondern auf eine Weise verbunden, die volle Göttlichkeit und gleichermaßen volle Menschlichkeit umgreift. Die Form, in die diese zentrale Aussage des dritten Credosatzes gekleidet ist, hat in der Christengemeinschaft dazu geführt, dass gewöhnlich der Jesus-Name verwendet wird, um die menschliche »Natur« zu kennzeichnen, während mit dem Christus-Namen die göttliche »Natur« benannt wird. Im Neuen Testament findet sich keine so eindeutige Unterscheidung zwischen Jesus und Christus. Rudolf Steiner führte sie jedoch bereits für die Ausgestaltung der differenzierten anthroposophischen Sicht auf die Inkarnation Gottes ein. Das Bemühen um ein konkretes und zugleich geistgemäßes Verständnis der einzigartigen Verbindung eines höchsten Gotteswesens mit einem irdischen Menschen wird dabei umso fruchtbarer, je mehr es Zugänge zu der zunächst widersprüchlich erscheinenden gottmenschlichen Einheit Jesu Christi eröffnet. Wieder stehen wir vor der Herausforderung, den Rahmen des gewöhnlichen menschlichen Verstehens zu übersteigen, um das schier Unvereinbare von Mensch und Gott in eins zu sehen. Ein bloß verstandesmäßiges Erklären wird nicht ausreichen, um die Höhe, Tiefe und Weite zu ermessen, in die sich die Menschwerdung Gottes entfaltet. Bewegungen des Glaubens, die Verbindungen stiften, wo der Verstand noch trennen muss, können hier weiterführen.

Erde wird Welt

In jedem der ersten drei Credosätze wird die Erde genannt. Der Schöpfungssatz spricht einfach von »Erde«, im zweiten Satz geht es um das »ersterbende Erdendasein«, während im dritten Schritt von der »Erdenwelt« die Rede ist. Eine erste Andeutung des Neuen, das mit dem Einzug Christi in das Irdische möglich wird, lässt sich aus dieser Wendung heraushören: Dadurch, dass Gott die Erde zum zentralen Ort von Menschwerdung, Tod und Auferstehung macht, wird sie als Ganzes in das Heilsgeschehen einbezogen. Aus naturwissenschaftlicher Sicht ergab sich mit Kopernikus das heliozentrische Weltbild, eine spirituell-christliche Sicht erkennt mit dem Schritt Christi in die Menschwerdung eine damit vereinbare geozentrische Weltgestalt. Sie wird immer mehr auch das Feld, in dem sich christlicher Glaube tätig auslebt.

Menschengeburt und Menschheitsheilung

Die Bekenntnisformel des Credo wurde seit dem frühen Christentum auch als Sammlung von Leitsternen für theologische Erkenntnisbemühungen verstanden. Seine stark verdichtete Form lässt gegenüber einem geschlossenen dogmatischen System Freiraum für das eigenständige Ausformulieren von Anschauungen über Gott, Mensch und Welt. Dennoch bringt es durch seinen trinitarischen Aufbau und die Betonung der drei zentralen Heilswahrheiten – Menschwerdung Gottes, Auferstehung Jesu Christi und Erlösung der mit Christus Verbundenen – eine Fülle von Anregungen, das Christentum denkerisch zu durchdringen. Die Vielfalt der Glaubensbekenntnisse kann als Ausdruck unterschiedlicher Zugangswege zu komplexen Wahrheiten gesehen werden.

> »Jesu Geburt auf Erden ist eine Wirkung des heiligen Geistes, der, um die Sündenkrankheit an dem Leiblichen der Menschheit geistig zu heilen, den Sohn der Maria zur Hülle des Christus bereitete.«

Vom bisher kürzesten Satz geht das Glaubensbekenntnis der Christengemeinschaft zu einem der längsten über. Was zunächst als umfassendes Ereignis der vom Vater ausgehenden Sendung Christi in die Erdenwelt bezeugt worden ist, wird jetzt in differenzierte Bewegungen gegliedert. Von der Vorbereitung der Geburt Jesu bis zum menschheitlichen Gesunden des Leiblichen spannt sich ein Bogen, in dessen Mitte von Mutter und Sohn, von Maria und Jesus, gesprochen wird. Wie hier die Beziehung des höchsten Geistigen zum Leiblichen des Menschen geknüpft wird und in welcher Art Jesus und Maria der Heilung von den Folgen des Sündenfalls dienen, soll in diesem Beitrag nachgegangen werden. Die Seele des Glaubenden unternimmt es damit, sich von der Geburt Jesu her dem Geheimnis der Menschwerdung Gottes noch einmal zu nähern und es in lebendige Beziehung zum Geschenk und zur Aufgabe der Gottwerdung des Menschen zu bringen.

Erste Aussagen über den Heiligen Geist

Indem bereits im vierten Satz von der Wirksamkeit der dritten »Person« der Trinität gesprochen wird, löst dieses Credo die strikte Trennung der drei Teile anderer christlicher Bekenntnisformen auf – und kann sich dafür auf das Verkündigungs-Evangelium (Lk 1) berufen, in dem Maria von dem Engel Gabriel das Walten des Heiligen Geistes im Zusammenhang mit ihrer bevorstehenden Schwangerschaft vorhergesagt wird. Vom Kirchenvater Gregor von Nazianz stammt der Gedanke, die Dreieinigkeit als eine sich vielfältig durchdringende Gesamtgestalt anzusehen. Die Anschauung der von ihm so genannten *Perichorese* (wörtlich: Durchschwingen) erlaubt es dem Glaubenden, den unterschiedlichen Bewegungen zwischen den drei Personen der Dreifaltigkeit nachzugehen. Dass auch der Heilige Geist schon vom Anfang her in die Entwicklungen des göttlichen Wesens einbezogen ist, wird durch sein Handeln im Vorbereiten der Geburt Jesu offenkundig. In ihm verdichten sich die zukunftsgerichteten Bewegungen Gottes als Sinn und Ziel. Das Heilsgeschehen rückt damit dem Menschen noch einen Schritt näher, da jetzt – nach dem Erdendasein und der Erdenwelt – das »Leibliche der Menschheit« als der Ort benannt wird, an dem auf geistige Weise die Gesundung durch den heilenden Gott ansetzen soll. Zu dem Wandel innerhalb der Gottheit, der den Daseinsgrund zum Vater und Christus zu dem in Ewigkeit geborenen Sohn macht, kommt nun von einer anderen Seite aus das die Erdengeburt vorbereitende Wirken der dritten Person der Trinität hinzu, durch das der Heilige Geist zum Heilenden Geist wird.

Heilung der Sündenkrankheit

Wie ein Echo auf das »geistig-physische« Gotteswesen aus dem ersten Satz klingt die Aussage des vierten Satzes: dass an dem Leiblichen der Menschheit geistig etwas geheilt werden kann und soll. So weit ist das Menschenwesen offenbar nicht aus dem Leben des Ursprungs herausgefallen, dass sein Leibliches vollständig vom Geist abgeschnitten ist. Der Fall in die Gottesferne wird zwar nicht ein Sterben, aber doch eine Krankheit genannt, die der Heilung aus dem Geist bedarf. Dabei ist es mehr als ein Trost, dass ausgerechnet das Leibliche der Menschheit – wie auch immer man diesen Begriff fassen will – zum möglichen Wendepunkt des Abstiegs von Mensch und Erdenwelt aus den göttlichen Sphären gemacht werden kann. Und dass hier der Heilige Geist als der Tröster eintritt, erweitert den Horizont des Erlösungsgeschehens aus dem »persönlichen« Gegenüber von Mensch und Gott in die weltgeschichtliche Dimension trinitarischer Wandlung. Im alten Wort »Erbsünde« klingt immer noch die Schuld

Adams am Sündenfall an, die durch sein Blut an alle Menschen weitergegeben wird. Der Begriff der Sündenkrankheit lenkt das Augenmerk stärker auf den unverschuldeten Zustand der Heilsbedürftigkeit, in dem sich jeder Mensch vorfindet. Krankheit muss hier nicht mehr als Verlust von Gesundheit, sondern kann als Ausgangspunkt einer Gesundung für die Zukunft verstanden werden. Durch das Sakrament des Abendmahls verbindet sich der Gläubige immer wieder mit der Arznei der Seele, mit Leib und Blut des auferstandenen Christus – eine Zeichentat, deren Wirksamkeit sich bis in die Tiefen des menschlichen Leibes erstrecken wird und der Gesundung der Menschheit dienen soll.

Maria

Zwei Namen geschichtlicher Persönlichkeiten rahmen seit jeher im Glaubensbekenntnis die Sphäre des Menschheitlichen ein, durch die sich Jesus Christus bewegt: Auf der Seite des Lebensanfangs steht Maria als die Mutter, die Jesus geboren hat – auf der Seite des Lebensendes findet sich Pontius Pilatus, der Christus durch sein herrschaftliches Urteil zum Tod am Kreuz auslieferte. Am Tor der Geburt erscheint demnach ein Mensch, der sich für das Außerordentliche und Neue empfänglich gemacht hat, das mit dem Ankommen des Menschheitskindes verbunden ist. Maria gibt dem Werden Gottes im Menschen Raum, indem sie sich zur »Dienerin des Herrn« erklärt und sich für das öffnet, was ihr menschliches Verständnis übersteigt. Dass ihr Name im vierten Credosatz im Zusammenhang mit dem Wirken des Heiligen Geistes genannt wird, weist auf die spirituelle Tiefe ihres Wesens, die im esoterischen Christentum gewusst und gepflegt wird. Denn in ihr beginnt bereits bei der Vorbereitung zur Inkarnation Gottes in die Menschheitsgeschichte Geistiges unmittelbar in Leibliches hineinzuwirken.

Jesus als Hülle des Christus

Mit dieser bisher in keinem christlichen Glaubensbekenntnis gebräuchlichen Wendung schließt der vierte Satz an die gerade aufgezeigte Bewegung an. Auch das Leben Jesu bis zum Tod am Kreuz kann als Vorbereitung einer »Geburt« gesehen werden, die Rudolf Steiner oft »das Mysterium von Golgatha« genannt hat. Tod und Auferstehung Jesu Christi wird von diesem Bildwort her zu einer Enthüllung, zu einer Apokalypse des Menschengottes. Der Ausdruck »Hülle« ist aber an dieser Stelle insofern etwas heikel, weil er dazu verleiten könnte, die in der christlichen Geschichte mühsam errungene Zwei-Naturen-Lehre wieder fallen zu lassen und nun doch noch die menschliche Natur Jesu Christi gegenüber seiner göttlichen herabzusetzen. Geht man der angedeuteten Bewegung jedoch weiter nach, dann lässt der Auferstandene die Hülle des menschlichen Leibes nicht zurück, sondern bleibt mit ihr weiter verbunden – aber wohl nicht mehr im Sinne von Hülle und Umhülltem, sondern in einem fortschreitenden Einssein und Wandel.

Kreuzeshöhe und Grabestiefe

Die Zwölfzahl der christlichen Glaubenssätze kann unter anderem als ein Bild dafür genommen werden, dass sich darin eine umfassende Gesamtgestalt zeigt, die einen ausgewogenen Blick auf die Heilswahrheiten möglich macht. Insbesondere das Leiden und Sterben Jesu Christi als Vollendung seiner Menschwerdung bedürfen eines vertiefenden und erweiternden Umkreises, da sie für sich genommen nicht ohne Weiteres verständlich sind. Andererseits beinhalten Passion und Kreuzigung einen zentralen Bestandteil christlichen Glaubens, der keine verkürzte Darstellung verträgt. Das Bild des sterbenden Christengottes kann und muss vielleicht sogar Anstoß erregen, dennoch ist es ein fundamentales Zeugnis für sein Heilswirken.

> »Der Christus Jesus hat unter Pontius Pilatus den Kreuzestod erlitten und ist in das Grab der Erde versenkt worden.«

Vom vierten Satz, der an die Geburt Jesu anschließt, bewegt sich mit dem fünften Satz der Bogen des Glaubensbekenntnisses in einer kurzen, verblüffend raschen Wendung direkt auf das Kreuz zu. Als würde der Inhalt der Evangelien stillschweigend vorausgesetzt, kommt auf diese Weise das Ziel der Verleiblichung Gottes unmittelbar in den Blick. Die drei Jahre des Lehrwirkens und der Heilungen durch Jesus Christus zwischen der Jordantaufe und dem Einzug in Jerusalem sind in diese Bewegung einbezogen und können innerlich ergänzt werden. Das Schweigen über Jesu Wirken in Palästina hebt hervor, was als die eigentliche Mission Christi gelten kann. Er bringt nicht eine neue Lehre oder eine neue Art, Krankheiten zu heilen in die Welt, sondern sich selbst: Christus tritt als Gottes- und Menschensohn schaffend in seine eigene Schöpfung ein. Dass hier davon die Rede ist, er habe Passion und Tod »erlitten«, öffnet den Blick auf die beiden Seiten dieses Vorgangs. Der gewaltsame Tod wird ihm von Anderen zugefügt, aber er selbst vollbringt dieses Opfer aktiv, indem er sterbend seinen eigenen Willen in den Willen des Vaters einfügt, der ihn in die Welt gesandt hat.

Am Kreuz erhöht

Der Tod am Kreuz hat sowohl historische als auch religiöse Dimensionen. Im Alten Orient und in der Antike hatte sich die Kreuzigung als eine Hinrichtungsart entwickelt, die sich durch ein langsames und qualvolles Sterben auszeichnete. Im Römischen Reich, zu dem Palästina zur Zeit Jesu gehörte, bedeutete sie den schmählichen Tod, der an entlaufenen Sklaven oder Aufständischen, nicht aber an Bürgern exekutiert wurde. In Jerusalem war der Hinrichtungsplatz auf einer Anhöhe, der »Schädelstätte« Golgatha eingerichtet worden. Jesus und die mit ihm Gekreuzigten hingen dort an erhöhtem Ort und ihr Sterben wurde als Demütigung öffentlich zur Schau gestellt. Viele Reisende, die auf einem der Hauptwege zum Passahfest nach Jerusalem gingen, kamen unmittelbar an ihnen vorbei, den Blick zu ihnen und ihrem Leid erhoben. Die religiöse Bedeutung des öffentlich sichtbaren Sterbens Gottes erschließt sich nicht unmittelbar, sondern zunächst nur mittelbar aus der Geschichte des Volkes Israel. Christus hat im Nachtgespräch mit Nikodemus, der sein heimlicher Jünger wurde, eine Andeutung vom heilbringenden Aufblick zum Gekreuzigten ausgesprochen: »Und wie Mose damals in der Wüste die Schlange erhöhte, so muss auch der Menschensohn erhöht werden, damit jeder, der glaubt, in ihm das ewige Leben hat« (Joh 3,14–15). Die zur ehernen Schlange aufblickenden Israeliten waren von den giftigen Schlangenbissen geheilt worden (Num 21,8–10). Inwieweit kann die Rede davon sein, dass auch vom Anblick des Sterbens Christi eine heilende Wirkung ausgeht?

Das Sterben Gottes

Dabei geht es um nichts Geringeres als um die radikale Umwertung der bisher geltenden Werte: Gott erscheint nicht mehr als Herrscher, sondern als leidender »Gottesknecht«; nicht sein Triumph, sondern seine Ohnmacht wendet die Geschicke der Menschheit. Der Aufblick zum Gekreuzigten erweckt bei den Glaubenden nicht Hohn und Spott, sondern Mitgefühl und Trauer; sterbend wandelt Christus den gewaltsam erlittenen Tod zu einem Opfer in Hingabe für die Menschen. Heißt das nicht, dass auch der Tod selbst am Kreuz Christi »umgewertet« wird? Dass im Anblick des Gekreuzigten ein neues Verhältnis des Menschen zu Sterblichkeit und Tod möglich werden kann? Der Apostel Paulus hat das Wort geprägt: »Wir jedoch verkünden Christus, den Gekreuzigten, den Juden ein Ärgernis und den Griechen eine Torheit« (1. Kor 1,23). Damit sind Gottesbilder gekennzeichnet, mit denen sich kein positiver Zugang zum Tod Gottes am Kreuz finden lässt: Er muss als Gotteslästerung oder als Unsinn erscheinen. Paulus fährt jedoch fort: »Denen aber, die berufen sind, Juden und Griechen, verkünden wir Christus als Gottes Kraft und Gottes Weisheit. Denn die göttliche Torheit ist weiser, als die Menschen sind, und die göttliche Schwachheit ist stärker, als die Menschen sind« (1. Kor 1,24–25). Was den Tod im alten Verständnis zunächst ausmachte, das bloße Enden und Verlöschen des Lebens, erfährt durch das Sterben Christi eine Umkehr. Indem das schöpferische Gotteswesen selbst ins Sterben eingeht, kann sich ereignen, was vorher unmöglich erschien: Der Tod wird umgewendet in neues, sogar in ewiges Leben.

Pontius Pilatus

Im Verhör, das Pilatus mit Jesus Christus führt, geht es nicht wie in der Auseinandersetzung mit den Anführern der Juden um die Frage der Gotteslästerung, sondern vor allem um die Qualität des Königtums, das ihm eigen ist. Obwohl Pilatus die Anklage des Hohen Rats fragwürdig erscheint, findet er keinen Ausweg, das formelle Todesurteil zu verweigern. Ob und was er mit den Worten Jesu »Mein Reich ist nicht von dieser Welt« und »Du hast keine Macht über mich, wenn sie dir nicht von oben her gegeben wäre« anfangen konnte, wird in den Evangelien nicht recht deutlich. Am Ende jedoch übernimmt er die letzte menschliche und richterliche Verantwortung für die Ausführung des Todesurteils. Damit steht Pilatus als historische Person für die Geschichtlichkeit des Todes Jesu Christi und erhält in der Folge seinen Platz in den christlichen Glaubensbekenntnissen. Wie Maria die Geburt Jesu ermöglicht, so ermöglicht Pontius Pilatus sein Sterben. Müsste nicht vor dem Hintergrund der oben genannten Umwertung auch der einseitige Blick auf seine Schuld um den auf seine Verantwortlichkeit ergänzt werden?

Die Erde als Grab

In drei großen Schritten verbindet sich Jesus Christus im Verlauf der Karwoche immer tiefer mit der Erde: Am Palmsonntag hält er Einzug in die Stadt Jerusalem und vollzieht in ihrem Herzen die Tempelreinigung. Am Karfreitag wird sein Leichnam in das Felsengrab des Josef von Arimathia auf Golgatha gelegt. Die entsprechende Formulierung im fünften Credosatz, er sei »in das Grab ... versenkt worden«, fügt der Bewegung zur Erhöhung am Kreuz eine entsprechende Gegenbewegung nach unten hinzu. Christus bekennt sich mit seinem Eingehen in die Tiefe nicht nur zur Erde als einem besonderen Ort im Kosmos, sondern auch zu ihr als Grab. Es ist nicht von ungefähr, dass der Altar als zentrale Stätte der Wandlung im christlichen Sakramentalismus zugleich Grab und Tisch darstellt. Auch das Grab wäre demnach nicht einseitig als Todesort eines Endes anzusehen, sondern vielmehr als »Gottesacker«. Er kann die Saat aufnehmen und aus ihm kann Leben hervorgehen und geerntet werden.

Todesruhe und Todeswandel

Sprache bildet für Hörende oder Lesende ein Nebeneinander im Raum und ein Nacheinander in der Zeit ab. Die Folge von Begriffen oder Bildern, auf die uns Aussagen verweisen, legen immer auch nahe, dass diese Aufeinanderfolge selbst einen wesentlichen Anteil des Gesagten enthält: Wir meinen in dem zuerst Vorgebrachten die Ursache für die später genannten Elemente erkennen zu sollen und wollen aus dem Nebeneinander bereits eine Bewertung herauslesen. Um zu bemerken, dass bei einer sprachlichen Komposition wie dem Glaubensbekenntnis auch ein Verharren, ein Zirkel oder ein Ineinander das Wechselverhältnis der Inhalte gestalten, bedarf eines umfassenderen Blicks, einer besinnenden oder meditativen Herangehensweise.

> »Im Tode wurde er der Beistand der verstorbenen Seelen, die ihr göttliches Sein verloren hatten.«

Nach der starken Dynamik des fünften Satzes kommt im sechsten Satz am Ende der ersten Hälfte des Bekenntnisses die Bewegung des Glaubens fast vollständig zur Ruhe. Bevor mit dem siebenten Satz und der Todesüberwindung der zweite Teil des Credo beginnt, verweilt die Aufmerksamkeit auf den Entwicklungsbewegungen Gottes mit dem Menschsein an einem einzigartigen Ort der Welt: »im Tode«. Kein ängstlich schneller Übergang vom Kreuz zur Auferstehung, nicht nur das kurze Berühren menschlicher Ohnmacht im Sterben Christi, sondern das Eingehen in den Raum, der sich historisch mit dem Karsamstag, dem Tag zwischen Kreuzigung und Auferstehung, geöffnet hat. Da jeder Schritt auf den Wegen, die des Credo beschreibt, nicht nur für sich allein steht, sondern auch seine Bedeutung für das Ganze entfaltet, muss das Verständnis dieses Satzes nicht beim Karsamstag stehenbleiben: Was sich vom Ankommen im Tod an weiter ergeben wird, geschieht aus diesem Gegenwärtigwerden Christi am Tiefpunkt menschlich-göttlicher Inkarnation.

Im Reich des Todes

Mit der Wendung »im Tode« wird ein Bereich charakterisiert, der zunächst sowohl zeitlich als auch räumlich verstanden werden kann. Stellt man sich den Durchgang durch den Tod als Weg vor, der vom Sterben bis zum Todesaugenblick und von dort in eine wie auch immer geartete Existenz »danach« führt, bedeutet er zunächst das Ende im Erleben des Zeitlichen mit einem Durchgang in ein wohl kaum mehr im selben Sinne zeitlich zu nennendes Sein. Zugleich kann das Sterben als Tor zu einer Art eigenständigem Reich gesehen werden, auch wenn sich hier wie bei der Zeit die Erfahrungen vor und nach dem Tod fundamental unterscheiden. Auf solche Unterschiede weist die Formulierung hin, nach der Christus dort zum Beistand der Seelen wurde. Sie deutet an, dass unser »persönliches« Lebensgefühl einer abgegrenzten inneren Form unseres Ich, mit dem wir mehr oder weniger einsam durch unsere Biografie steuern, nach dem Tode einer offeneren Existenzweise Raum gibt. Dass auch der Seelenweg am Ende seiner Zeitlichkeit als offenes System gelten kann, ergibt sich aus dem naheliegenden Gedanken, dass sich »im Tode« Seelen begegnen können, die zu unterschiedlichen Zeiten dorthin gelangt sind. Staunen lässt sich darüber, wie hier mit zwei kleinen Worten der aus der irdischen Perspektive als Punkt erscheinende Todesaugenblick zu einer eigenen Welt geweitet wird, für die es weder räumliche noch zeitliche Grenzen geben muss. Im mittleren der drei Sätze, die die Auseinandersetzung Christi mit dem Tod auf verschiedene Weise schildern, erscheint er dort nicht mehr als einer, der den Tod am Kreuz erlitten hat, sondern er begegnet »im Tode« gleicherweise dem Wesen des Todes selbst und den Seelen der Toten, auf die er dort trifft.

Bruder der Toten

Der Ruhe, mit der Christus in das Reich des Todes eintritt, entspricht auch seine Haltung gegenüber den Seelen, zu deren Beistand er sich an diesem besonderen menschheitlichen Ort macht. Was als Grabesruhe am Karsamstag beginnt, will sich im Todesreich weiter auswirken. Wenn er hier als der »Beistand der verstorbenen Seelen« bezeichnet wird, dann liegt darin mehr als nur die Tatsache, dass er sich im Tode mit den Menschen letztgültig gleich gemacht hat. Es bedeutet, dass da einer nicht nur unbeteiligt anwesend ist, sondern Helfer eines wandelnden Geschehens werden will. Der Meister, der die Jünger berufen, das Volk gelehrt und klare Worte gegen die Herrschenden gefunden hat, erweist sich hier einmal mehr als Diener und Heiler, nicht aber als Herrscher. In den Abschiedsreden (Joh 14-16) hatte Jesus zu seinen Jüngern vom Heiligen Geist als dem Beistand gesprochen, den er vom Vater senden wird. Dass seine Nähe zu den verstorbenen Seelen ihn selbst zum Beistand macht, zeigt eine weitere Bewegung der Trinität, die den Beginn der verheißenen Wirksamkeit des Geistgottes schon vor der Auferstehung

Christi im Reich der Toten anklingen lässt. Es gehört zu den berührenden Unterschieden zwischen westlichem und östlichem Christentum, dass in der Tradition der orthodoxen Ikonenmalerei viele Auferstehungsikonen den sich zu den Toten neigenden Christus abbilden, während die Maltradition der westlichen Kirchen vor allem den aus dem Grab aufsteigenden Christus zur Anschauung bringt.

Ist die Seele sterblich?

Mit dem nachfolgenden Ausdruck wird die Reihe der Sterbe-Worte im Credo fortgesetzt. Sie entwickelt sich vom »ersterbenden Erdendasein« über »das Grab der Erde« bis zu den hier genannten »verstorbenen Seelen« – ein viertes Motiv wird später folgen: »Tod der Materie«. Alle Wendungen stehen in einer sich steigernden Dynamik, in die gleichermaßen Christus, Mensch und Erdenwelt einbezogen sind. Das Wort von den verstorbenen Seelen spricht wie auch die anderen von der Bedrohung des Lebens durch den Tod und von der rettenden Wirksamkeit des Erlösers. Offenbar ist damit an dieser Stelle gemeint, dass auch die verstorbenen Seelen noch nicht endgültig verloren sind, sonst würde ihnen ja der Beistand keine Hilfe mehr bedeuten können. Andererseits legt die Wendung nahe, dass die Seelen ihre Sterblichkeit noch nicht überwunden haben und dass sie dazu einen eigenen Beitrag zu leisten haben. Damit öffnet sich eine Perspektive jenseits allen mittelalterlichen Bangemachens, dass wir das Weiterleben unserer Seelen nicht einfach geschenkt bekommen, sondern auf einen Beistand »im Tode« hoffen dürfen, der uns in unserem Streben nach innerer Lebendigkeit unterstützt.

Wiedergefunden

Klingt in dem Motiv der »verstorbenen Seelen« der Ernst an, dem wir in der Berührung mit der Todessphäre ausgesetzt sind, so führt uns die Fortsetzung »... die ihr göttliches Sein verloren hatten« vor Augen, dass nicht nur unser Leben, sondern unsere Göttlichkeit bedroht ist. Dass auch im Verlorensein ein Beistand möglich ist, kann uns dabei nicht nur trösten, sondern bringt uns zu Bewusstsein, dass die Frage nach dem absoluten Ende für das religiöse Denken ebenso schwer zu fassen ist wie die nach dem absoluten Anfang. Wer sein Leben zwischen Geburt und Tod als abgeschlossen ansieht, wird ebenso wenig nach Vorgeburtlichkeit und nachtodlichem Leben fragen wie nach dem Sein vor der Schöpfung und nach dem, was nach dem Ende dieser Welt sein wird. Dass aber ein Ausblick auf ein Wiedergefunden-Werden nach dem Verlorengehen im Sinne des Neuen Testaments ist, kann aus den Gleichnissen vom verlorenen Schaf, der verlorenen Münze und dem verlorenen Sohn (Lk 15) abgelesen werden.

Todesüberwindung und Lebenswandlung

Das Glaubensbekenntnis spricht nicht davon, was Jesus die Menschen gelehrt und wie er sie geheilt hat. Auch an die Selbstbekundungen und Zeichentaten Christi, von denen die Evangelien künden, wird dort nicht unmittelbar angeknüpft. Das Credo zeigt vielmehr einen eigenen Weg der Vertiefung religiösen Erlebens auf. Dafür ist unter anderem kennzeichnend, dass die schnelle Bewegung von der Geburt und Menschwerdung zum Leiden und Sterben in eine extreme Verlangsamung mündet, wenn es um die Mitte des Heilsgeschehens geht, um die Todesüberwindung und das Leben aus der Auferstehung. Nachdem in den beiden vorangehenden Sätzen vom Erleiden des Todes am Kreuz und vom Verweilen im Reich des Todes die Rede war, wird nun in zwei weiteren Sätzen dem Geheimnis der Auferstehung nachgegangen, jedoch ohne dass dieses Wort dabei genannt wird.

»Dann überwand er den Tod nach dreien Tagen.«

Wie schon die Inkarnation Christi im dritten Satz, begegnet uns im siebten Satz auch der Sieg Christi über den Tod in fundamentaler Kürze. Aus der Ruhe im Totenreich erhebt sich mit dem

»dann« eine starke Bewegung auf eine Wende zu, die sich an die dreitägige Zwischenzeit anschließt, von der noch zu sprechen sein wird. So kurz der Satz ist, so schwer tun sich Glaube und Verständnis mit dessen Inhalt. Wie sollen Sterbliche über die Unsterblichkeit denken? Welche Erfahrungen unserer zeitlichen Existenz helfen uns, den Weg des Todes in das überzeitliche Leben nachzuvollziehen?

Auferweckung oder Auferstehung?

Der Begriff der Auferweckung basiert auf der bildhaften Anschauung des Todes als kleinem Bruder des Schlafes. Er legt außerdem nahe, dass es jemanden geben muss, durch den der Betreffende »aufgeweckt« wird. In der Erweckung des bereits am vierten Tag im Grab liegenden Lazarus durch Jesus Christus kann – auch in Anknüpfung an antike Mysterientraditionen, in denen ein todesähnlicher Einweihungsschlaf gesucht wurde – ein Vorbild der Auferweckung Jesu Christi durch den Vatergott gesehen werden. Es ist aber die Frage, ob mit dem Ausdruck der Erweckung der Weg des Christus durch den Tod angemessen benannt werden kann. Ist sein Tod gegenüber der zeitweisen Berührung der Todessphäre nicht doch ein weitaus umfassenderes Eingehen in den Tod? Bedeutet sein Sterben nicht eine noch viel tiefere Verbindung mit dem menschlichen Leib und mit der Erde als sein Leben in den drei Jahren zuvor? Das Wort von der Auferstehung kann so gehört werden, dass der mit dem Tod Ringende auch aus eigener Kraft eine Wendung des Geschehens bewirkt hat, das sich von einer liegend vollzogenen Hingabe an die Kräfte der Erdenschwere in eine Aufrichte bewegt, die die Einseitigkeit der Schwerkraft im wahrsten Sinne des Wortes aufhebt. Damit wird die Auferstehung als ein Geschehen anschaubar, bei dem der Tod nicht gemieden, sondern zu einem Teil der Verwandlung wird.

Drei Tage?

Es lässt sich leicht ausrechnen, dass der nach Stunden berechenbare Zeitraum zwischen dem Tod am Kreuz, der in der neunten Stunde (15:00 Uhr) am Karfreitag zu denken wäre, und der Szene bei Sonnenaufgang am Ostersonntagmorgen im leeren Grab keineswegs drei Tage von je 24 Stunden umfasst. Was hat es mit dieser Dreizahl auf sich, die offenbar nicht auf ein Maß von Stunden, sondern auf grundlegende zeitliche Qualitäten hinweisen will? Biblisch erscheinen die drei Tage bei dem von Christus so genannten »Zeichen des Jona« (Mt 12,39; Mt 16,4; Lk 11,29). Im Buch Jona selbst heißt es dazu schlicht: »Jona war drei Tage und drei Nächte im Bauch des Fisches« (Jona 2,1). In der Liturgie der frühen Kirche entstand der Begriff des »Triduum Sacrum« (lat. für »drei heilige Tage«), das auf ein qualitativeres Verständnis hindeutet. Die Feiern setzten bereits zum Gedenken des Abendmahls am Gründonnerstagabend ein und gestalteten einen liturgischen Zusammenhang, der bis zur Vesper am Osterabend reichte. Auf diese Weise wurde der Freitag als Tag des Leidens und Sterbens Jesu Christi, der Samstag als Tag der Grabesruhe und der Sonntag als Auferstehungstag kultiviert. Die Verlangsamung der zeitlichen Bewegungen in der Komposition der Credosätze entspricht dieser Ausgestaltung der drei Tage, in denen die Gläubigen der drei unterschiedlichen Qualitäten von Leiden, Tod und Auferstehung gedachten.

Das Ende des Todes?

Christus überwindet nicht (nur) seinen eigenen Tod, sondern er bricht die Gewalt jenes Wesens, dem seit der Gebotsübertretung im Paradies Macht über den Menschen gegeben ist. Der Tod ist somit eine Konsequenz des Sündenfalls, die von Gott verhängt und nur von ihm wieder aufgehoben werden kann. Der Tod kann aber auch als das Integral der Sündenkrankheit verstanden werden; dann bedarf es einer Heilung im umfassenden Sinne des Wortes. Die Trennung, die sich in jedem Tod ausspricht, macht eine Wiederverbindung nötig – von daher kann Tod und Todesüberwindung Christi als der Schlüssel zur Wiederverbindung des Menschen mit Gott angesehen werden. Paul Celan lässt eines seiner Gedichte folgendermaßen beginnen: »WIE DU dich ausstirbst in mir (...)« Kann der Tod aussterben? Wird er an sein Ende kommen? Gibt es das: den Tod des Todes? Oder ist der Tod Christi in uns das, was unser Sterben zu einem Aus-Sterben wandeln kann?

Und unser Sterben und Auferstehen?

Unter den ersten Christen gab es die sogenannte »Naherwartung«: Die Verheißungen Jesu Christi, besonders auch seine Wiederkunft und damit das Ende der Zeiten und die Auferstehung der Leiber, wurden zu Lebzeiten der Apostel erwartet. Paulus schrieb: »Wir werden nicht alle sterben, aber bei uns allen wird es zu einer Verwandlung kommen« (1. Kor 15,51). Wie ist dieser Satz zu verstehen? Glaubte auch Paulus an die Naherwartung? Und was meinte er konkret für eine Verwandlung? Es gehört zu den großen Herausforderungen im christlichen Glauben, sich die Erlösung des Menschen durch Gott nicht als ein Augenblicksereignis und nicht als etwas vorzustellen, das einfach durch menschliches Verdienst oder göttliche Willkür vollzogen werden kann. Auch hier hilft die mehrfach genannte zeitliche Verzögerung, sich auf einen Prozess einzulassen, dessen Dimension auch den Horizont des auf ein Leben begrenzten Blicks übersteigen müsste. Was würde es bedeuten, wenn wir – mit Christus – anders sterben? Wenn unser Leben vor dem

Sterben sich von seinem Weg der Todesüberwindung verwandeln lässt? Mit diesen Fragen ist der Übergang zum zweiten Teil dieses Kapitels gekennzeichnet.

> »Er ist seit dieser Zeit der Herr der Himmelskräfte auf Erden und lebt als der Vollführer der väterlichen Taten des Weltengrundes.«

Die beiden zeitlichen Bestimmungen »nach dreien Tagen« und »seit dieser Zeit« rahmen einen einzigartigen weltgeschichtlichen Augenblick ein, der einerseits als ein einmaliger historischer Moment gelten darf, andererseits jedoch auch einen Wendepunkt benennt, der als ein aus einem überhistorischen göttlich-menschlichen Akt heraus vollzogener Neubeginn aufgefasst werden kann. Rudolf Steiner nennt diesen Weltaugenblick »Mysterium von Golgatha«.

Neues Sein und neues Leben

Drei Verben charakterisieren diesen Übergang in den beiden Ostersätzen: überwinden, sein, leben. Als Todessieger wird der Christus Jesus in seinem Sein als Herr der sich verwandelnden Erde benannt und in seinem Leben als Offenbarer des Vatergottes. Was im achten Credosatz als fortwirkender Lebensprozess aus der Auferstehung beschrieben wird, erweitert den Blick über die Sphäre der menschlichen Sterblichkeit und Unsterblichkeit hinaus auf die gesamte Schöpfung und auf die Entwicklung im Verhältnis von Vater- und Sohnesgott. Die Bewegung Christi auf den Tod zu kann im Sinne der Abschiedsreden Jesu als eine Wiederbegegnung mit dem Vater verstanden werden: »Vom Vater bin ich ausgegangen und in die Welt gekommen; ich verlasse die Welt wieder und gehe zum Vater« (Joh 16,28). Zugleich bewegt sich der Vater als »Erwecker« Christi in der Auferstehung auf den Sohn zu. Sein und Werden des Anfangs erfahren nach der Sendung Christi in die Erden- und Menschenwelt mit dem Osterereignis den Beginn einer umfassenden Verwandlung. In diese Dimensionalität entfaltet sich das Wirken Gottes durch den Aufstieg Christi zum Vater in einen erdumspannenden Neubeginn: Himmelfahrt.

Himmlisch-irdische Kräfte

War beim Abstieg Christi in »das Grab der Erde« die Trennung zwischen Höhen und Tiefen, zwischen Gott und Welt, auf dem Punkt der größten polaren Spannung angekommen, so zeigt sich 40 Tage nach Ostern im Aufstieg des Todesüberwinders zum Himmel das Ausmaß der Wiederverbindung und Wiederbelebung: Der am Karfreitag von seinem Reich gegenüber Pilatus gesagt hat, es sei »nicht von dieser Welt«, beginnt nun sein wahres Königtum als »der Herr der Himmelskräfte auf Erden«. Als erlösendes Gegenbild zum Golgatha-Felsen erscheint jetzt das Bild der Wolke – ein lichter Lebensbereich, in den der Auferstandene eingeht und aus dem uns seine Wiederkunft verheißen ist. Zwar hebt sich seine für die Jünger als sichtbares Gegenüber erlebte Gegenwart auf, dafür kann sich aus der neuen Verbindung von himmlischen und irdischen Kräften durch ihn und in ihm seine subtile Anwesenheit im Innern jedes Menschen ereignen, der sich im Glauben zu ihm hinwendet. Dass er darüber hinaus die Erde und ihren Umkreis zu »seinem« Reich erwählt hat, wirkt sich auf andere Weise auf das Leben des Menschen aus.

Zweifache Wirkung der Auferstehung

Kehren wir zu der Frage zurück, wie sich Todesüberwindung und Auferstehung auf das Leben und Sterben der Menschen konkret auswirken und wie es sich mit dem Fernziel der Auferstehung des Leibes verhält. Rudolf Steiner schildert in seinem Vortrag »Die Himmelfahrtsoffenbarung und das Pfingstgeheimnis« am 7. Mai 1923[1], dass von der Auferstehung eine zweifache Wirksamkeit ausgeht: Eine »objektive Tatsache« nennt er dabei »... die Rettung der Menschheit vor dem Zerfall des physischen Leibes, gleichgültig, was die Menschen darüber glauben oder nicht glauben«. Dies bringt er mit dem Himmelfahrtsereignis in Verbindung. Dazu kommt nach seiner Darstellung eine zweite Wirkung der Auferstehung, die sich für ihn in den Pfingstereignissen ausspricht. Sie bezieht sich auf Seele und Geist des Menschen. Diese Wirkung, so Steiner, geschehe nicht ohne aktive menschliche Mitwirkung: »Die richtige geistige Wirkung vom Mysterium von Golgatha kann also nur hervorgehen aus der richtigen Anerkennung des Inhaltes des Mysteriums von Golgatha«. Was damit gemeint ist: Wenn es um das Heil der Seele und des Geistes geht, bedarf es der Pflege von Glaube und Bekenntnis. Das Leben im Erdenleib wird uns ohne unser Zutun geschenkt, im Sterben wirkt sich die Auferstehung erst durch unsere geistig-seelische Verbindung mit Christus aus. Die Nähe Christi im Tod, das »Sterben in Christus« und die Nachfolge in die Auferstehung, ereignen sich nicht durch seine historische Tat für die ganze Menschheit, sondern im Hier und Jetzt und in der Zuwendung eines jeden Einzelnen zu Gott.

Todesüberwindung und Auferstehung wirken also gleichermaßen prinzipiell und graduell. Die physische Wirkung der Auferstehung hat das Leben aller Menschen seit 2000 Jahren verändert. Ob und wie sich diese Seite der Auferstehung auch bereits auf die Schöpfung bezieht, erscheint mir fraglich. Mir leuchtet vielmehr ein, dass die Zweite Schöpfung, die in der Auferstehung beginnt, auf die Mitwirkung der Menschen angewiesen ist. In der Ersten Schöpfung waren sie mehr auf der Seite der Geschöpfe, für die zweite sind sie stärker in ihrer Gottebenbildlichkeit gefordert. Wie kann das geschehen? In der Menschenweihehandlung heißt es von Christus, dass er das »Leben der Welt« trage und ordne, dass er es vom Vater empfange und durch den Geist gesund mache. In dieses Strömen werden die Feiernden aktiv einbezogen. Sie verbinden ihr Seelenopfer mit den Opfergaben von Brot und Wein aus der Welt und gehen nach dem Empfang des Abendmahls mit dem Auftrag zurück in die Welt, den Frieden zu verbreiten, mit dem sie gesegnet wurden. Diese »Mission« zielt wohl nicht nur auf die Menschen und Menschengemeinschaften, sondern auf alle Mitgeschöpfe.

Die andere Seite des Abendmahls ist das sakramentale Zeichengeschehen, in dem sich am Ende der Feier Leib und Leiber durchdringen. Was auf diese Weise geistig-seelisch-leibliches Ereignis der Einswerdung ist, kann auch als eine erste Antwort auf die Frage nach der leiblichen Auferstehung gelten: Was im Abschiedsmahl am Gründonnerstag Christi Gemeinschaft mit den Jüngern besiegelt hat, ist uns im Sakrament zur Pflege einer neuen Gemeinsamkeit anvertraut. Dass sich unser Leib, unsere Seele und unser Geist immer wieder dem nahenden Gotteswesen öffnen, kultiviert unsere Empfänglichkeit für die Nähe von

Leib und Leibern. Leib und Blut des Auferstandenen berührt und durchdringt sakramental unseren Leib – zum Gesunden der Seele, aber auch als Prophetie auf eine Zukunft menschlicher Leiber, die nicht nur zum Leben im Sterblichen erkraftet sind, sondern sich auch zum Leben im Unsterblichen entwickeln wollen.

Weltende und Weltenfortgang

Indem sich die Seele des Bekennenden darin übt, regelmäßig durch die Inhalte des Credo hindurchzugehen, beschreibt sie einen mystischen Weg, der sie jedes Mal durch die zwölf Stationen menschlich-göttlicher Entwicklung führt. Es ist eine wiederkehrende Vertiefung in Ursprung und Ziel der Welt, die das mystische Selbst damit vollzieht. Dabei taucht es zunächst in die Anfänge des Werdens ein und integriert die Vergangenheit in gegenwärtiges Erleben. Danach wendet es sich in die Dimensionen zukünftiger Möglichkeiten und integriert auf diese Weise schon etwas von dem, was noch nicht ist, in sein inneres Erleben. Was dadurch wächst, spürt es nach und nach als aufgeschichtete Erfahrung der Gegenwart des Göttlichen im Menschen.

> »Er wird einst sich vereinen zum Weltenfortgang mit denen, die er durch ihr Verhalten dem Tode der Materie entreißen kann.«

Mit dem neunten Satz des Bekenntnisgebets wird wiederum eine große Bewegung des Glaubens veranlagt, indem von der Auferstehung Christi ein Bogen unmittelbar zur Erlösung des

Menschen am Ende dieses Zeitenkreises geschlagen wird. Was sich als Frage nach der Auferstehung des Menschen aus dem Gewahrwerden der Auferstehung des Gottessohnes ergeben hat, wird hier in einer überraschenden Dynamik bereits ausgesagt. Zugleich zeigt der Satz aber auch die stärkste Dramatik innerhalb des gesamten Textes, wenn er in die Worte vom »Tode der Materie« mündet, dem Christus die mit ihm Verbundenen »entreißen« wird. Gegenüber der Schärfe, die sich in früheren Credo-Formen von Weltende und -gericht aussprechen, zeigt sich darin andererseits eine differenzierte Perspektive hinsichtlich der Lehre von den »letzten Dingen«, der Eschatologie, die es hier auszuloten gilt.

»... einst ...«

Es gehört zum Grundverständnis des Christentums, dass zwischen dem historischen Ereignis der Auferstehung Jesu Christi und seiner verheißenen Wiederkunft eine prinzipiell unbestimmbare Zwischenzeit liegt. Für die Seele der Glaubenden ergibt sich letztlich daraus die Konsequenz der Ungewissheit über ihre Erlösung, aber auch der Unabgeschlossenheit des christlichen Weltbildes als Ganzem. Der französische Philosoph Jean-Luc Nancy erkennt gerade in diesem Unfertigen des Christentums seine besondere Stärke, schafft es doch gegenüber der vermeintlichen Sicherheit anderer Glaubenshaltungen einen Freiraum für vielfältige Entwicklungen. Nancy ist die Abwesenheit Gottes zwischen Auferstehung und Wiederkunft so wertvoll, dass er sich selbst nicht einen Atheisten, sondern einen »Absentheisten« (von »absent« = abwesend) nennt.[2] Mit dem Wort »einst« verweist das Credo der Christengemeinschaft auf einen konkreten Zeitpunkt, der jedoch in ungewisser Zukunft liegt. Das zeitliche Ereignis der Erlösung – im Sinne einer Teilhabe an der Auferstehung – öffnet sich hier einer Wirksamkeit, die die Grenzen der Zeit sprengt. Für den Glauben ermöglicht dieser offene Raum die Entfaltung einer besonderen inneren Balance, die zwischen aktivem und kontemplativem Leben zu suchen ist. Etwas davon ist in dem alten Wort Langmut erkennbar – einer besonderen Form von Geduld, die weder passiv erwartend bleibt, noch unruhig etwas tun will, was nicht allein im eigenen Vermögen liegt.

Der Tod der Materie

Ein zentraler Aspekt des Erlösungsdramas verbirgt sich hinter dem Motiv der todgeweihten Schöpfung, dessen Entwicklung mit dem »ersterbenden Erdendaseins« im zweiten Credosatz begonnen hat. Die Formulierung vom »Tode der Materie« lässt ja offen, ob es dabei um deren todbringende Kraft oder auch um ihr Sterben geht. Beides steht in Gegensatz zu dem, was sich die erlösungsbedürftige Seele ersehnt: Ein Fortleben mit Gott als dem schöpferischen Lebensquell und die Miterlösung der Schöpfung. Noch einmal wird hier zur Frage, ob es so etwas wie einen unumkehrbaren bzw. unwandelbaren Tod überhaupt geben kann und was der Sieg Christi über den Tod auch für den Tod selbst bedeutet. Wenn wir uns das Drama um die Erlösung als eine Realität und nicht als eine »Inszenierung« mit geplantem Ausgang denken, muss es darin eine reale Möglichkeit des Scheiterns geben – wann und wie endgültig auch immer sie Wirklichkeit werden kann. Zu einer Entwicklung, in der man selber steht, gehört die Ungewissheit darüber, wie sie ausgeht. Nur wer von außen auf eine abgeschlossene Entwicklung zurückblicken kann, wird sich eine vollständige Klarheit über deren Bedingungen verschaffen können. Das gilt aber auch in dem Entwicklungsweg von Gott, Mensch und Schöpfung, um den es hier geht – für alle Beteiligten. Auch für Gott wären damit die »letzten Dinge« offen und ungewiss.

Lineare und zyklische Zeit

In einem linearen Zeitsystem sind Anfang und Ende absolut. Wird der Zeitverlauf in miteinander verbundenen, aber doch voneinander unterscheidbaren Zyklen angesehen, erweitert sich der Zeithorizont: Was war vor dem Anfang und was wird nach dem Ende sein? Damit kommt eine Zwischenzeit zwischen zwei Epochen zeitlicher Entwicklung in den Blick. Auch das Verhältnis von Zeitlichem und Ewigem wird differenzierter. Es sind nicht mehr zwei voneinander getrennte Systeme, sondern das zyklische Zeitbild, das ohnehin für andersartige Entwicklungen des Vorher und Nachher offen ist, macht auch das Einwirken überzeitlicher Kräfte in zeitliche Ereignisse nachvollziehbar. Vor dem Hintergrund der Anthroposophie, deren Anschauung der Weltentwicklung den Begriff des Zyklus voraussetzt, bekommt im Credo der Christengemeinschaft das Wort »Weltenfortgang« den Sinn eines Übergangs von einem Äon in einen weiteren Zeitzyklus. Damit ist einerseits der Horizont üblicher Eschatologie erweitert, denn das alte Bild vom Weltende legte nahe, von einem Schlusspunkt jeglicher weiteren Entwicklung auszugehen. Dennoch erscheint der Übergang, der sich »einst« ereignen wird, als ein Moment existentieller Entscheidung. Somit spricht dieses Bekenntnis nicht unbedingt von einem milderen Verlauf der Geschicke als im traditionellen Verständnis, sondern in einer differenzierten Sicht, aber ganz im biblischen Sinne von einer Errettung der Menschenseelen, die mit Christus verbunden sind.

Vereinen und entreißen

Gerade vor dem Hintergrund mystischer Erfahrungen ist es nicht einerlei, ob der offene Ausgang der Erlösung im Bild des Gerichts erscheint, das zwei mögliche Alternativen bereithält, oder ob positiv von dem gesprochen wird, was die Seelen suchen. In der Verheißung, dass sich der Auferstandene mit »denen« vereinen wird, die er dem Tod entreißen kann, lebt eine zukunftsweisende Möglichkeit – ohne Urteil darüber, ob sie für einen selbst oder andere gilt oder nicht. Für das Ereignis der Erlösung gibt es jedoch eine Bedingung, die sich in dem Ausdruck »durch ihr Verhalten« ausspricht. Die Gnade Christi wird – ganz im Sinne Luthers – als die erlösende Kraft genannt. Aber sie bedarf der Voraussetzung einer menschlichen Aktivität, die sich nicht im Vollbringen »guter Werke« die Erlösung erwerben will, sondern im Sinne einer Nachfolge Christi in einer ethischen Lebenshaltung übt. Das Wort »Verhalten« eröffnet dabei einen weiteren Zwischenraum, weil es einerseits konkretes Tun, andererseits aber noch mehr eine gelebte Gesinnung meint, in der sich Menschen immer intensiver mit Gott verbinden.

Heiliger und heilender Geist

Wenn ich mich zu etwas bekenne, vollziehe ich damit nicht nur etwas für mich und in mir selbst, sondern verbinde mich aktiv mit Inhalt und Wesen dessen, an den sich das Bekenntnis richtet. Als religiöser Akt ist das Glaubensbekenntnis demnach eine innere und sich äußernde Arbeit, die auf ein Wirksamwerden in der Welt zielt. Ein solches tätiges Bekennen stiftet eine Verbindung mit den göttlichen Wesen und ist zugleich ein Dienst, der in eine Mitarbeiterschaft des Menschen mit Gott münden will. Was an innerer Aufmerksamkeit und Hingabe, an Erkenntnis und Zuversicht, an Ergebenheit und Tatbereitschaft in der Seele des Bekennenden wächst, vereinigt sich mit dem göttlichen Walten in dem und für das Leben der Welt.

> »Durch Ihn kann der heilende Geist wirken.«

Der zehnte Satz des Glaubensbekenntnisses markiert mit seiner kraftvollen Fundamentalaussage den Beginn des dritten und letzten Credo-Teils, der dem Heiligen Geist zugewandt ist. Auch hier ist bei aller Kürze der Aussage eine eindrucksvolle Bewegung erkennbar, die das Wirksamwerden des Geistgottes an seine Verbundenheit mit Christus als dem Auferstandenen offenbart. Die dritte Art, in der Gott dem Menschen nahekommt, wird nicht einfach als Aufzählung an die beiden ersten angeschlossen. Was darin über den Heiligen Geist zum Ausdruck gebracht wird, findet sich an dieser Stelle des Bekenntnisses in Übereinstimmung mit dem Zeitgefüge des christlichen Entwicklungsweges, der von der Schöpfung zum Neuen Jerusalem führt. Durch die ungewöhnlich wirkende Wortwahl »der heilende Geist« wird deutlich, dass mit diesem Teil des Weges eine Umwendung des früheren Falls in die Sterblichkeit im Sinne einer Gesundung verbunden sein soll.

Die rätselhafte dritte »Person« Gottes

So stark die Bilder von Vater- und Sohn-Gott das religiöse Empfinden der Christen bestimmt haben und bestimmen, so sehr wird spürbar, dass sich ein solch eindeutiges Bild für den Geist-Gott nicht ergeben hat. Im Neuen Testament finden sich für ihn neben den Bildern der Taube und der Flammen Worte wie »Tröster« oder »Beistand« (griech.: *parakletos*). Seit dem Mittelalter wird in der christlichen Theologie darüber gestritten, wie der Geistgott in seinem Verhältnis zu Vater und Sohn zu verstehen sei: Geht er vom Vater *und* vom Sohn aus (gemäß dem *filioque* der westlichen Kirchen) oder vom Vater *durch* den Sohn (entsprechend der orthodoxen Theologie)? Der anglikanische Bischof John Vernon Taylor (1914–2001) fand einen der originellsten Namen für den Geistgott: 1972 veröffentlichte er sein entsprechendes Werk *The Go-Between God*. Ein solches Dazwischen-Gehen meint die Bewegung und Entwicklung, als die der Heilige Geist wirksam wird.[3] Die geheimnisvolle, in der Vorstellung mancher Christen gar weibliche Seite Gottes erscheint einerseits weniger greifbar und andererseits gerade für diejenigen faszinierend zu sein, deren Sehnsucht sich auf die göttliche Verheißung der Vollendung richtet.

Heil als Zustand und Prozess

Das Heil zu verlieren bedeutet: aus einer umfassenden Ganzheit, aus der Gemeinschaft mit Gott, aus der gesunden Balance des Lebendigen herauszufallen und sich im Unheil einer getrennten, einseitigen, unvollkommenen und/oder kranken Existenz vorzufinden. Der Heilige Geist dagegen repräsentiert einerseits den Zustand des ursprünglichen göttlichen Heils, andererseits auch den Prozess, der auf die zukünftige Wiedergewinnung des Heils zielt. Im vierten Credosatz begegnete uns bereits das Wirken des »Heiligen Geistes«: Er bereitete aus dem Heil des Anfangs den Leib Jesu für die Vereinigung mit Christus. Am unheilen Leiblichen der Menschheit kann dadurch das Heil am Ende der Entwicklung erreicht werden. Nach dem Aufstieg des Auferstandenen in die Vatersphäre, der sich im Himmelfahrtsgeschehen zeigt, kommt es nun mit Pfingsten zu einer neuerlichen Berührung des Menschheitsweges mit dem »heilenden Geist«. Was spricht sich durch die beiden unterschiedlichen Namen des Geistgottes aus, die im vierten bzw. zehnten Satz des Glaubensbekenntnisses verwendet werden? Im zentralen Ereignis der Wende von Tod und Auferstehung wandeln sich auch die Bezüge der drei »Personen« des dreieinigen Gottes. Sie sind in ihrem »Heil-Sein« trotzdem andere geworden. Was sich im Laufe der Entwicklung in der Trinität verändert hat, würde mit sich bringen, dass sich auch für die Menschen das Heil des Anfangs vom Heil am Ende des Entwicklungsweges unterscheidet. Der Zustand anfänglichen Heils und der Prozess der schrittweisen Heiligung bzw. Heilung unterscheiden sich in ihrer Qualität und womöglich auch in ihrem Wesen.

Die »Sendung« des Geistes durch den Sohn

Zielte die Sendung des Sohnesgottes durch den Vater auf das einmalige historische Ereignis der Menschwerdung Gottes in der Menschheit, so liegt in der Sendung des Geistgottes durch den Sohn eine überzeitliche und vielfältige Wirkung des heilenden Gottes für Menschen und Gemeinschaften. Der trinitarische Hymnus, der mehrfach im Kommunionsteil der Menschenweihehandlung gebetet wird, nennt Christus denjenigen, der das Leben der Welt trägt und ordnet. Sein Verhältnis zum Vater und zum Geist wird durch die Worte vom Empfangen und Gesundmachen charakterisiert. Was wird damit ausgesagt? Auf dem Wege zur Gemeinschaft in und durch Christus wird uns der heilende Gott als Beistand verheißen. Im Pfingstgeschehen zeigt sich dies im Bild des Feuers: »Gleichzeitig sahen sie so etwas wie Flammenzungen, die sich verteilten und sich auf jeden Einzelnen von ihnen niederließen« (Apg 2,3). Die gemeinsame und gemeinschaftsbildende himmlische Quelle des Feuers wirkt in und mit der Vielfalt der Einzelnen im Sinne dessen, was Paulus in griechischer Sprache als *koinonia,* als Gemeinschaft durch Teilhabe bezeichnet hat.

Wo und wie wirkt der Geistgott?

Die Sündenkrankheit als der Zustand, in dem wir als Menschen nicht »heil« sind, wirkt sich für uns unter anderem auch darin aus, dass sich die Seele von der Welt getrennt fühlt. Was wir zum Beispiel wahrnehmen und denken, kann uns von daher als interne Verarbeitung dessen erscheinen, was uns als Welt »draußen« prinzipiell unerreichbar erscheint. Wir fühlen uns dann als bloße Zuschauer in einer Welt, die wir weder verstehen noch gestalten können. Auch die Ohnmacht, die wir angesichts der Weltereignisse erleben, die uns so erscheinen, als ob sie durch unser Tun nicht beeinflusst werden können, entspringt der Sündenkrankheit. Vom »heilenden Gott« spricht die sogenannte »trinitarische Epistel« der Menschenweihehandlung in Bildern des Leuchtens: Sein Licht kann in uns aufleuchten, unsere Wahrnehmung kann von diesem Licht erfüllt, unser Denken in sein »geistleuchtendes Leben« aufgenommen werden. Der Geistgott bewegt sich also im wahrsten Sinne des Wortes im »Dazwischen«, überwindet die unheilvollen Grenzen zwischen all dem, was uns getrennt erscheint: Geist und Materie, Ich und Du, Mensch und Gott. Er wirkt im Ungetrennten, aber nimmt das Getrennte darin auf. Aus der Perspektive der Menschen sieht es so aus, dass sein Wirken bereits gegenwärtig ist, aber von uns erfasst werden will, um auch in und mit uns zu wirken. So beginnt die Geist-Strophe der trinitarischen Epistel mit den Worten »Im Ergreifen des Geistes …«.

Gemeinschaft mit und in Christus

Bekennende zeichnen sich zuallererst dadurch aus, dass sie in dieser Aktivität ihrer inneren Überzeugung folgen, dass sie in Worten und Taten Zeugnis für ihren lebendigen Glauben ablegen. Zu diesem individuellen und persönlichen Aspekt des Bekenntnisses kommt ein gemeinschaftlicher hinzu, der sich aus dem Inhalt und der Richtung des christlichen Glaubens selbst ergibt. Denn es gehört zum Wesen des Christentums, dass es Gemeinschaft bilden will. Christi Menschwerdung vollzieht sich in dem einen Menschen Jesus, aber nicht um dieses einen, sondern potentiell um der Gesamtheit aller Menschen willen. Sein Wirken verbindet sich mit der Raum und Zeit übergreifenden Gemeinschaft derer, die sich zu ihm bekennen.

> »Gemeinschaften, deren Glieder den Christus in sich fühlen, dürfen sich vereinigt fühlen in einer Kirche, der alle angehören, die die heilbringende Macht des Christus empfinden.«

Drei Ebenen des Gemeinschaftlichen lassen sich im differenzierten Gefüge des elften Credosatzes erkennen: Die Gemeinschaft der Einzelnen mit Christus, die Vereinigung der Gemeinschaften in der einen Kirche und die Zugehörigkeit der Geheilten zu ebendieser Kirche. Alle drei Aspekte werden nicht als Urteil von außen über die betreffenden Subjekte ausgesagt, sondern sie gehen aus dem Fühlen und Empfinden derer hervor, die sich ihrer Verbundenheit mit Christus bewusst werden. Verfolgt man die Bewegungen innerhalb des ersten Halbsatzes, zieht sich eine Linie von der Vielzahl der Gemeinschaften über die mit Christus verbundenen Glieder dieser Gemeinschaften zur übergreifenden Kirche. Der zweite Halbsatz beginnt im Anschluss an das Kirchenmotiv mit dem umfassenden Wort »alle« und führt zu dem in den einzelnen Menschen empfundenen Heilswirken Christi. An diesem Durchgang wird erkennbar, dass es an dieser Stelle des Glaubensbekenntnisses um das Wirken des *Go-Between God*[4], des Heiligen Geistes, als Gemeinschaftsstifter geht. Der Blick richtet sich dabei auf das, was Gott, Individuen und soziale Organismen in vielfältiger Weise miteinander verknüpft sein lässt.

Gemeinschaft mit Christus – Gemeinschaft in Christus

Die Kirche Christi gründet sich für das Glaubensbekenntnis der Christengemeinschaft nicht auf ein vorgegebenes »Gebäude«, sondern vielmehr auf ihre einzelnen »Bausteine«. Die innere Verbundenheit der Gläubigen mit Christus wird dabei zum Fundament der Gemeinschaftsbildung. Ihre Gemeinschaft *mit* Christus kann für die Glaubenden zu einer Sehnsucht nach einer Gemeinschaft *in* Christus werden. Niemand kann dabei für einen Anderen beurteilen, ob er Glied einer christlichen Kirche ist oder sein darf. Es bleibt der eigenen Erfahrung überlassen, das Innewerden Christi als den Schlüssel zur Gemeinschaftsbildung derer zu finden, die in seinem Namen zusammenkommen. Diese Sicht auf die Entstehung christlicher Gemeinschaft findet sich schon in dem Wort Jesu aus dem Matthäusevangelium: »Denn wo zwei oder drei in meinem Namen versammelt sind, da bin ich mitten unter ihnen« (Mt 18,20). Christus ist nach diesem Verständnis nicht der Regent der Gesamtheit seiner Kirche von außen, sondern er wirkt zuallererst durch seine Gegenwart im Innenraum der individuellen Seelen und schafft mit seinem Wesen und seiner Kraft das Gemeinsame, in dem sich die Menschen als Christen finden.

Ökumene – von der Vielfalt her gedacht

In geschichtlichen Darstellungen wird die Entwicklung der vielen heutigen Kirchen gewöhnlich als eine Folge von Abspaltungen erzählt. Dass sich jedoch die weltumspannende Kirche – nichts anderes sagt das griechische Wort *oikouménē* (= die ganze bewohnte Erde) – aus der Vielzahl und der Vielfalt unterschiedlicher christlicher Gruppierungen bildet, ist ein Gedanke, der erst mit der ökumenischen Bewegung des 20. Jahrhunderts einen geeigneten Nährboden finden konnte. Der elfte Credosatz ist in diesem Sinne ein Bekenntnis zum Geist entschiedener Ökumene – nicht bloß einer Suche nach kirchenpolitischen Kompromissen oder dem kleinsten gemeinsamen Nenner. Im 1. Korintherbrief (Kapitel 12) schreibt der Apostel Paulus von der Vielfalt der Begabungen in der Gemeinde und dem einen Geist, durch den sie vermittelt werden. Diese Passagen münden in den Ausspruch: »... denn ihr seid der Leib Christi, und jeder Einzelne von euch ist ein Teil dieses Leibes« (1. Kor 12,27). Im Epheserbrief nennt er Christus »... das Haupt der Gemeinde – er, der sie errettet und zu seinem Leib gemacht hat« (Eph 5,23). Kirche ist demnach vor allem das Wesen Christi selbst – an ihm hat Anteil, wer sein Leben mit ihm verbindet. Dass diese innere Verbindung mit Christus heute auch außerhalb der bestehenden Kirchen geschieht, muss jedoch nicht bedeuten, dass christliches Gemeinschaftsleben grundsätzlich als überholt zu gelten hat. Vielmehr stellt sich die Frage in neuer Dringlichkeit, wie christliches Gemeinschaftsleben konsequent vom Einzelnen und von der Vielfalt her zu denken und zu gestalten ist, sodass es nicht als Widerspruch zu den Errungenschaften des Individualismus erlebt wird.

Die eine Kirche Christi als »Gemeinschaft der Heiligen«

Das aus dem 5. Jahrhundert stammende apostolische Glaubensbekenntnis (Apostolikum) bringt den Kirchenbegriff mit den lateinischen Worten *Sanctorum communionem* in Verbindung. Übersetzt man diese Formel, so kann sie »Gemeinschaft *der* Heiligen« (also der Kirchenglieder untereinander) bedeuten, aber auch »Gemeinschaft *am* Heiligen«, nämlich die Gemeinschaft, die sich an den Sakramenten bildet. Darüber hinaus weist sie auf die »Gemeinschaft *mit den* Heiligen«, also mit den Vollendeten bzw. Verstorbenen. Was uns in Christus eint, so kann die Bedeutungsvielfalt dieser Bekenntnisformel aufzeigen, geht über die Grenzen von Geburt und Tod, von konkreten Glaubensgemeinschaften vor Ort und von unterschiedlichen Lebensformen innerhalb christlicher Gemeinschaften hinaus. Darin wäre gleichermaßen die immerwährende unsichtbare geistige Kirche Christi und das Zukunftsziel menschlicher Gemeinschaftsbildung enthalten: Der Heilige Geist erfüllt die Verbundenheit der Menschen mit und in Christus, die auf diesem Wege zur weltumspannenden »Gemeinschaft des Christus« werden, wie sie im Wandlungsteil der Menschenweihehandlung genannt wird.

Gemeinschaften zur Heilung von Mensch und Welt

Im Umgang mit der Formulierung »... die heilbringende Macht des Christus empfinden« steht vielleicht zunächst im Vordergrund, dass sich die Heilkraft Christi an einzelnen Menschen zeigt. Werden sie jedoch als Potential erlebt, mit dem wir beschenkt werden, kann Kirche auch als der Ort erkannt werden, an dem diejenigen zusammenwirken, die in Gemeinschaft für das Wohlergehen der Menschen und zum Fortbestand des Lebens in der Welt einstehen wollen. Alte Gemeinschaften wirkten aus der Summe ihrer gleichförmigen Einheiten, Zukunftsgemeinschaften weisen schon in der Vielfalt ihrer Erscheinungen auf das Vielfache hin, das sie bewirken können. Im Erkennen und Anerkennen des Anderen, im Geltenlassen des Fremden kommt zudem ein Reichtum zur Entfaltung, der die Möglichkeiten der Einzelnen übersteigt. Die christliche Kirche wurde in der Geschichte zuweilen als die Organisation missverstanden, der man angehören müsse, um das Heil zu empfangen. Heute kann sie als »Weinberg« erkannt werden, in den sich eingeladen fühlen kann, wer immer in ihr und durch sie arbeiten möchte.

Drei Hoffnungsschritte in die Zukunft

Am Beginn des Glaubensbekenntnisses der Christengemeinschaft fehlt die in anderen Bekenntnissen übliche Eingangsformel »Ich glaube« oder »Wir glauben«. Glauben wird hier nicht vorausgesetzt, sondern kann über das Aussprechen der Inhalte jedes Mal neu aktiviert werden. Das Bekenntnis endet aber in der Bekräftigungsformel: »Ja, so ist es.« Diese Übersetzung des »Amen« kann gegenüber dem geläufigeren »Ja, so sei es« als eine Steigerung empfunden werden, die eine aktive Rückbindung an das gerade Gehörte bzw. Gesprochene ermöglicht. Geht man der Bedeutung des hebräischen Ursprungs von »Amen« nach, kann es so gehört werden: »Etwas für sich zum Halt werden lassen.« Auch dies ist eine der vielen Bewegungen des Glaubens.

> »Sie dürfen hoffen auf die Überwindung der Sündenkrankheit, auf das Fortbestehen des Menschenwesens und auf ein Erhalten ihres für die Ewigkeit bestimmten Lebens.«

Drei Bewegungslinien laufen in dem Wort »Sie« zusammen, mit dem der zwölfte Credosatz beginnt. Diese Linien verbinden die drei Subjekte des elften Satzes – Gemeinschaften, deren

Glieder, alle – zu dem gemeinsamen Subjekt, das den letzten Satz eröffnet. Schon in den Aussagen über die Kirche ging es um das, was die Menschen zur Weltentwicklung beitragen können. Jetzt wird wieder davon gesprochen, dass sie etwas »dürfen«, das aus dem Gefühl des Verbundenseins hervorgehen kann. Zur Erinnerung: Der überwiegende Teil des Bekenntnisses spricht im Indikativ vom Wirken der Trinität, erst im zehnten Satz öffnet sich diese Form im Blick auf die Wirksamkeit des Heiligen Geistes durch Christus zu einem »kann«. In den beiden Schlusssätzen steht nun ein die Freiheit der Menschen achtendes »Dürfen«, mit dem wir zum Mittun eingeladen werden. Dabei wird auf dem Höhepunkt des Geist-Teiles zur Dimension des »Weltenfortgangs« am Ende des Sohn-Teiles noch eine andere Perspektive auf das Zukünftige aufgemacht, wenn es um die Schritte geht, die aus der Hoffnung der Christen in die Ewigkeit weisen. Gegenüber dem Zeitstrom, der den Fortgang als ein Nacheinander kennzeichnet, kann die Ewigkeit auch unter- bzw. oberhalb des Zeitlichen im Sinne einer mit der chronologischen Entwicklung einhergehenden außerzeitlichen Parallele gesehen werden.

Hoffen als Bewegung von der Zeit in die Ewigkeit

Als eine der drei »göttlichen Tugenden« beinhaltet die Hoffnung weit mehr als eine vage Aussicht auf Wünschenswertes. Eine zaghafte Hoffnung wie in der Alltagsfloskel »Hoffentlich scheint heute die Sonne« bleibt weit hinter den Möglichkeiten der Kraft zurück, die sich aktiv aus der hoffenden Seele erhebt. Das Schlüsselwort des zwölften Credosatzes ermutigt dazu, der Hoffnung den Rang einer weltverwandelnden Macht zuzusprechen. Der Schriftsteller Robert Musil schrieb, dass es nicht nur einen Wirklichkeitssinn der Seele gebe, sondern auch einen Möglichkeitssinn. Wer seine Hoffnungsfähigkeit entfaltet, kann sich an diesen Sinn halten und mit ihm die Fühler in den Bereich der Welt ausstrecken, der noch nicht ist, aber werden kann. Wie nah die Möglichkeit der Wirklichkeit liegen kann (und umgekehrt), gehört zu den überraschenden und beglückenden Erfahrungen derjenigen, die sich im Hoffen üben. Jenseits aller romantischen und traurigen Anteile, die ihr zuweilen anhaften, meint die Hoffnung ihrem Ursprung nach eigentlich eine freudige Bewegung: Das Wort rührt nämlich vom »Hoppen« her, also einer hüpfenden, erwartungsfrohen Vorwärtsbewegung.

Überwinden des Getrenntseins

Zunächst geht der Blick zurück auf das, was als »Sündenkrankheit« im dritten Credosatz benannt wurde: dass es nach der Aussonderung der Schöpfung aus dem Göttlichen zu einer Absonderung des Menschen und durch ihn auch zum Fall der Erdenwelt in die Trennung von Gott gekommen ist. Worauf sich die Hoffnung nun als Erstes richtet, ist die Fortführung der Mission Christi. Er wurde vom Vatergott in die Menschwerdung gesandt, um durch die Todesüberwindung die Urtrennung von Gott, Mensch und Welt einer Heilung entgegenzuführen. Es wird an dieser Stelle deutlich, dass dazu auch die Bereitschaft der sündenkranken Menschen gehört – ihr Anerkennen des Krankseins, ihre Zuwendung zum Gesunden, ihre Bitte um das Heilwerden. Unsere hoffnungsvolle Zuversicht auf die Möglichkeit der Wiederverbindung mit dem Göttlichen ist demnach ein aktiver Beitrag zur Überwindung der tiefgreifenden Getrenntheit, in der wir uns als Menschen auf der Erde vorfinden. Dass diese Hoffnung nicht nur auf eine persönliche Rettung der Einzelnen zielt, sondern als eine übergreifende Gemeinschaftsaufgabe anzusehen ist, wird ausgesprochen, indem nicht von der Überwindung »ihrer«, sondern »der« Sündenkrankheit die Rede ist. Mit dem Zugehen auf die Heilung dieser Urwunde wird der Anfang des weiteren Weges geschaffen. Wie jeder Schritt beginnt auch der hier skizzierte erste mit dem Aufheben des Fußes aus der Gebundenheit an die Erde und mit dem Finden eines neuen gesunden Gleichgewichts.

Fortbestehen des Menschen

Schon in dem Wort »Bestehen« wird die Statik des einfachen Stehens in eine Bewegung geführt. Wir stehen etwas durch und sorgen damit gleichermaßen für Kontinuität und Entwicklung. Geht es für die Zukunft des Menschseins in einer weiteren Steigerung sogar um ein »Fortbestehen«, dann liegt darin die Herausforderung, dass sich das Wesen des Menschen grundsätzlich nicht in einem Gewordensein erschöpfen kann. Es bedarf eines kontinuierlichen inneren Entwicklungswillens, um seine Menschwerdung immer neu zu erfahren. Eine damit verbundene Hoffnung bedarf somit einer »Unruhe«, wie sie als Herzstück mechanischer Uhren erfunden wurde. In Unruhe bewegt sie sich auf eine Ewigkeit zu, die nicht Ende und Stillstand, sondern fortwirkende Verwandlung bedeutet. Die andere Seite des Fortbestehens liegt darin, dass sich etwas vom menschlichen Wesen in aller Bewegung selber treu bleiben muss, um sich im Wechselspiel des Lebens nicht zu verlieren. Solche Bewegungsqualitäten finden sich auch im zweiten Element eines jeden Schrittes: dass wir den erhobenen Fuß aus der Kraft des Vorangehens schwebend weitertragen, bis die Zeit dafür reif ist, ihn auf den neuen Punkt des Weges zu stellen.

Erhalten des Lebens

Beim dritten Schritt wird endlich die Ewigkeit beim Namen genannt, auf die sich der zwölfte Satz und das gesamte Credo zubewegt. Gegenüber der früheren Form »ewiges Leben« findet sich hier als feine Variante »für die Ewigkeit bestimmtes Leben«. Damit wird behutsam darauf hingewiesen, dass ein der Vergänglichkeit unterworfenes Leben nicht einfach ewig werden kann. Der sterbliche Leib wird nicht plötzlich unsterblich, sondern wir erwarten für unser zukünftiges Menschenwesen einen Leib, der aus den Kräften der Auferstehung Christi unvergänglich geworden ist. Wir können ihn nicht selbst bilden, sondern müssen auf die Erfüllung der göttlichen Verheißung warten. Dass wir dies »in Hoffnung«, also weder eifernd noch gleichgültig versuchen, das liegt im dritten Schritt des Hoffnungsweges: Wir überwinden nach der ersten Krise des Fußaufhebens und nach der zeitlos schwebenden Vorwärtsbewegung des erhobenen Fußes die zweite Krise des Schrittes, indem wir unsere Zuversicht aufrufen, dass uns auch die neue unbekannte Erde tragen wird, der wir unseren Fuß im Aufstellen anvertrauen. Darin liegt die Hoffnung auf ein Erhalten des Lebens, das der Ewigkeit angemessen ist.

Nachwort

Von der Herkunft des Credo

Das christliche Glaubensbekenntnis, das wegen des Anfangswortes seines lateinischen Wortlautes »Credo« genannt wird, hat einen grundsätzlich anderen Ursprung als die Evangelien und die anderen Bücher des Neuen Testamentes. Diese sind im ersten Jahrhundert nach Christus entstanden und gelten seit jeher in der Christenheit als göttliche Botschaft, die von einzelnen Menschen, den Aposteln oder deren Nachfolgern, niedergeschrieben worden sind. Und auch diejenigen Theologen, die aufgrund ihrer wissenschaftlichen Analysen nicht an eine wörtliche Inspiration dieser Texte glauben, erkennen sie doch als das Zeugnis für die Offenbarung Gottes in Jesus Christus an.

Das christliche Glaubensbekenntnis ist die Antwort der christlichen Gemeinde auf die »frohe Botschaft«, auf das Evangelium. Seine vielfältigen Textformen spiegeln wieder, was Christen in den ersten Jahrhunderten am Evangelium erlebt haben. Bis in das zweite christliche Jahrhundert lassen sich diese Formen zurückverfolgen. Vor dem vierten Jahrhundert war es kein Problem, dass in den verschiedenen großen Gemeinden und in den verschiedenen Provinzen des römischen Reiches verschiedene Textformen des Bekenntnisses bei der Taufe und im Gottesdienst verwendet wurden. Erst auf den Konzilien des vierten und fünften Jahrhunderts wurde versucht, einen für alle Christen verbindlichen Text festzulegen. Das ging nicht ohne gegenseitige Verdammungen und schmerzliche Kompromisse ab.

Das spiegelt sich zum Beispiel darin, dass das sogenannte »Nicänum«, das auf dem ersten Konzil von Nicäa im Jahre 325 verabschiedet wurde, heute nur noch von den orientalischen christlichen Kirchen anerkannt und verwendet wird. In den westlichen Kirchen sind vor allen Dingen das sogenannte »Apostolikum« oder »apostolische Glaubensbekenntnis« aus Gallien aus dem fünften Jahrhundert und das sogenannte »Nicäno-Konstantinopolitanum« von 451 in Gebrauch.

Wir können also sagen, dass die Texte des christlichen Glaubensbekenntnisses im besten Sinne »Menschenwerk«, also nicht in dem gleichen Sinne wie die Heilige Schrift »geoffenbart« sind. Daran ändert auch die alte Legende nichts, dass jeder der zwölf Apostel bei einer ihrer Zusammenkünfte einen der zwölf Sätze des Credo gesprochen und damit zu seiner Entstehung beigetragen habe.

Der Text des Bekenntnisses in der Christengemeinschaft ist ebenfalls nicht in dem gleichen Sinne »geoffenbart«, wie zum Beispiel deren Ritualtexte. Er ist wie manche der alten Credoformeln durch einen einzelnen Christenmenschen geschaffen. Und das kam so:

Im Winter 1918/1919 bat der altkatholische Priester Hugo Schuster Rudolf Steiner darum, die römische Messe für ihn zu übersetzen. Mit Brief vom 20. April 1919 sandte Rudolf Steiner ihm die ersten Teile der Messe (bis einschließlich Offertorium) in seiner deutschen Übersetzung, die auch ein Credo enthält.[5] Bevor Rudolf Steiner den Teilnehmern des zweiten Theologenkurses am 6. Oktober 1921 seine Übersetzung des Credo vorlas, sagte er: »Nur müssen wir über das Credo an den weiteren Tagen sprechen; heute wird es sich nur darum handeln, dass ich Sie mit dem Credo bekannt mache, das zu diesem alten Text, den ich vorgelesen habe, gehört.«[6]

Der dann folgende Text ist eindeutig eine Übersetzung der lateinischen Fassung des Nicäno-Konstantinopolitanum. Aber in mehr als einem Dutzend Fällen wich Rudolf Steiner von der üblichen deutschen Übersetzung ab. So behielt er zum Beispiel im vierten Satz den in der lateinischen Fassung stehenden Plural von »Himmel« bei: »Und der für uns Menschen und wegen unserer Heilung aus den Himmeln herabgestiegen ist.« Und im letzten Satz übersetzte er das lateinische *»et vitam venturam saeculi«* mit »und auf ein Leben in künftigen Zeitkreisen«. Diese und viele weitere Beispiele zeigen, dass Rudolf Steiner sich intensiv mit dem Inhalt auseinandergesetzt hat.

Am 6. und 7. Oktober 1921 hat Rudolf Steiner den Teilnehmern des zweiten Theologenkurses den Text einer erneuerten Messe mitgeteilt, erläutert und ausführlich mit der von ihm übersetzten römischen Messe verglichen. Dabei erwähnte er zwar das alte Credo und las auch seine Übersetzung desselben vor – wie oben bemerkt –, aber er gab noch keinen Text eines erneuerten Bekenntnisses. Als am späten Nachmittag des 7. Oktober die Diskussionsstunde mit Rudolf Steiner zu Ende ging, sagte Dr. Christian Geyer, der Freund Friedrich Rittelmeyers:

»Ich möchte eine kleine Anregung geben. Leider muss ein Teil von uns fortgehen. Es war ursprünglich in Aussicht genommen, dass der Kurs bis zum morgigen Tage dauert, und manche können die Fortsetzung nicht mehr mitmachen. Ich weiß nicht, ob es unbescheiden ist, wenn ich bitten würde, vielleicht nur wenigstens skizzenhaft anzudeuten, wie sich das Glaubensbekenntnis gestalten wird.«

Und Rudolf Steiner antwortete: »Morgen, jetzt ist es nicht mehr möglich, dass wir fortsetzen; morgen ja.«[7]

So begann Rudolf Steiner am 8. Oktober vormittags zunächst

grundsätzlich über das Credo zu sprechen. Dabei betonte er, dass man nur durch eine »weit umfassende anthroposophische Erkenntnis« zu einem Wortlaut des Bekenntnisses kommen könne: »Die Worte müssen schon einmal so gewählt sein, dass sie in vieler Beziehung eigentlich ein bloßer Wortklang sind für denjenigen, der nicht darinnen steht in dem ganzen Prozess, aus dem sich zuletzt diese Worte ergeben. Ich habe mit allen möglichen Mitteln versucht, dasjenige, was in einem solchen Credo nach anthroposophischer Überzeugung zu stehen habe, das in prägnante Worte zu bringen ... Aber dasjenige, was gesagt werden soll, ist eben außerordentlich schwierig in Worte zu bringen, weil unsere Worte ja ihre Valeurs verloren haben in allen Sprachen, weil unsere Worte vielfach nur äußerliche Zeichen sind.« Dann las er dreimal den Text des neuen Bekenntnisses aus seinem heute noch vorliegenden Manuskript vor und bezeichnete den Inhalt als »ein anthroposophisches Credo«.[8]

Nach der Verlesung des Textes und nach dem Vergleich mit dem traditionellen Credo unterstrich er die Aussage noch einmal, dass dieser Text »aus anthroposophischen Untergründen heraus nun wirklich als ein Credo heute mit aller Schwierigkeit zusammengefasst werden kann. Aber dasjenige, was hier zusammengefasst ist, Sie können es so betrachten, dass es wirklich im Sinne einer anthroposophischen Erkenntnis in jedem einzelnen Worte unterschrieben werden kann«.[9] Und er verwahrte sich gegen die mögliche Unterstellung, er habe diesen Text vielleicht aus einer katholischen Reminiszenz gestaltet, indem er sagte: »Ich musste gezwungen werden durch die Erkenntnis der Tatsachen der übersinnlichen Welt zu jedem dieser einzelnen Dinge hin.«

Zuletzt betonte er noch: »Ich glaube, dass mindestens wird eingerichtet werden für diejenigen, die sich vorbereiten wollen zum Priesterberuf, lange theologische Studien zur Exegese oder

Interpretation desjenigen, was in diesem Credo enthalten ist ..., dass dann in der Tat auch das theologische Studium danach eingerichtet werden muss. Und dann scheint mir, dass zum Begreifen des Credo schon durchaus ein paar Jahre Theologiestudium notwendig sein wird.«[10]

Da wir in der glücklichen Lage sind, von diesem Vorgang Stenogramme von zwei verschiedenen Personen zu besitzen, können wir mit Sicherheit sagen, dass Rudolf Steiner bei der dritten Verlesung des Textes eine kleine Änderung gegenüber seinem Manuskript anbrachte: er änderte im siebten Satz die Wendung »nach drei Tagen« und sagte: »Dann überwand er den Tod nach drei<u>en</u> Tagen«.

Es handelte sich also nicht um eine »Verbalinspiration«, in der kein einziger Buchstabe geändert werden dürfte, sondern es bedurfte des Erkenntnisringens eines Geistesforschers, die Tatsachen des Christentums in eine konkrete Sprache zu übertragen. Das wird auch durch die Tatsache unterstrichen, dass Rudolf Steiner ein Jahr später, bei der Gründung der Christengemeinschaft in Dornach noch einmal auf das Credo zu sprechen kam und dabei auf einen Einwand hin im vierten Satz eine Präposition abänderte. Im Manuskript und bei seinen Vorlesungen des Textes hatte es geheißen: »... um die Sündenkrankheit *von* dem Leiblichen der Menschheit geistig zu heilen ...« Dies änderte er in: »... um die Sündenkrankheit *an* dem Leiblichen der Menschheit geistig zu heilen ...« Damit umging er den sonst notwendigen doppelten Genitiv »... Die Sündenkrankheit des Leiblichen der Menschheit ...«[11]

Mit dieser Änderung ist auch eine leichte Verschiebung des Sinnes verbunden, während bei der Änderung von »drei Tagen« in »dreien Tagen« lediglich eine sprachlich-rhythmische vorliegt.

So kann deutlich werden, dass der Text des Bekenntnisgebetes grundsätzlich etwas anderes ist als ein Ritualtext. Rudolf

Steiner hat es am 17. September 1922 so ausgedrückt: »In der Messe spricht Gott zu den Menschen ... Im Credo aber ist es das menschliche Bekenntnis, der Mensch spricht eben zu Gott.«[12]

Dem entspricht, dass auch der Ursprung dieser Texte ein verschiedener ist. Das drückte Rudolf Steiner am 21. September 1922 so aus: »Dieses Credo, das ich Ihnen gegeben habe, das ist herausgenommen aus wirklicher spiritueller Erkenntnis. Es ist also dieses Credo anders vorgelegt als die Ritualien. Die Ritualien sind vorgelegt als etwas, was sich jetzt ergibt als Form des Zeremoniellen. In diesem Credo ist etwas gegeben, was der Religiöse der Gegenwart als sein Bekenntnis dargestellt hat.«[13]

Wir können also sagen: Der Text des Bekenntnisses ist das Ergebnis eines Erkenntnisringens eines Menschen, der die Grundtatsachen des Christentums in Worte fassen wollte. Demgegenüber sind die kultischen Texte der Rituale Ergebnis einer »Empfängnis«, eine gnadevolle Gabe der geistigen Welt an einen dafür empfänglichen Menschen. Rudolf Steiner drückte es einmal so aus: »... als ich nach Eurem Willen den Mut zu fassen hatte, dasjenige, was eigentlich verloren ist auch als Kultushandlung, als Menschen-Weihe-Handlung wiederum direkt aus geistigen Welten zu Euch zu bringen. Nehmet es so aus geistigen Welten herunter erbeten, herunter ersehnt, herunter erkraftet hin ...«[14]

Wolfgang Gädeke

Anmerkungen

1 Rudolf Steiner: *Die menschliche Seele in ihrem Zusammenhang mit göttlich-geistigen Individualitäten* (GA 224). Dornach 1992, S. 153ff.
2 Jean-Luc Nancy: *Dekonstruktion des Christentums*, Berlin 2008
3 Siehe dazu: Tom Ravetz: *Vom Dogma befreit*, Stuttgart 2010, S. 84 ff.
4 Begriff des anglikanischen Bischofs John Vernon Taylor (1914–2001), siehe dazu Tom Ravetz, a.a.o.
5 Siehe den Vortrag von Rudolf Steiner vom 6. Oktober 1921 vormittags in: *Vorträge und Kurse über christlich-religiöses Wirken*, Bd. II (GA 343), Dornach 1993, S. 420ff.
6 ebenda, S. 427f.
7 ebenda, S. 504f.
8 ebenda, S. 509f.
9 ebenda, S. 516
10 ebenda, S. 517f.
11 *Vorträge und Kurse über christlich-religiöses Wirken*, Bd. II (GA 344), Dornach 1994, S. 240.
12 ebenda, S. 109.
13 ebenda, S. 239 in der ursprünglichen Fassung der Stenogrammausschrift.
14 ebenda, S. 105.

Literatur

Müller, Adolf; Suckau, Arnold: *Werdestufen des Glaubensbekenntnisses,* Stuttgart 1974.

Schroeder, Hans-Werner: *Das christliche Bekenntnis. Ein Übungsweg,* Stuttgart 1982.

Selg, Peter: *Rudolf Steiner und das Credo der Menschen-Weihehandlung,* Arlesheim 2017.

Wistinghausen, Kurt von: *Das neue Bekenntnis. Wege zum Credo,* Stuttgart 1963.